U0459803

〔福建历代高僧评传〕

丛书主编：释本性

云门文偃禅师

◎隋思喜 著

中国社会科学出版社

图书在版编目（CIP）数据

云门文偃禅师/隋思喜著.—北京：中国社会科学出版社，2017.12
ISBN 978-7-5203-1917-1

Ⅰ.①云…　Ⅱ.①隋…　Ⅲ.①云门文偃禅师(864-949)—人物研究
Ⅳ.①B949.92

中国版本图书馆 CIP 数据核字(2017)第 319602 号

出 版 人　赵剑英
责任编辑　宋燕鹏
责任校对　刘　娟
责任印制　李寡寡

出　　版　中国社会科学出版社
社　　址　北京鼓楼西大街甲 158 号
邮　　编　100720
网　　址　http://www.csspw.cn
发 行 部　010-84083685
门 市 部　010-84029450
经　　销　新华书店及其他书店

印　　刷　北京君升印刷有限公司
装　　订　廊坊市广阳区广增装订厂
版　　次　2017 年 12 月第 1 版
印　　次　2017 年 12 月第 1 次印刷

开　　本　710×1000　1/16
印　　张　15.75
字　　数　238 千字
定　　价　59.00 元

福 州 芝 山 开 元 寺 重 点 资 助 项 目

福建省开元佛教文化研究所重点科研项目

《福建历代高僧评传》丛书编委名单

云门文偃禅师道影

总序一

学诚

［中国佛教协会　会长

福建省佛教协会　会长］

福建地处我国东南沿海，早在三国时期，佛教就已传入这块充满生机的土地，并与生长在这里的人们结下了不解之缘，出现了诸如百丈怀海、黄檗希运、雪峰义存等杰出的佛门巨匠，而近代之太虚大师、弘一法师、虚云老和尚、圆瑛法师等以福建为道场，在中国佛教近代史上写下了光辉灿烂的一页。

纵观福建佛教的历史发展，它具有以下几个主要特点：

一、寺院建筑规模宏大。譬如泉州开元寺、福州怡山西禅寺、鼓山涌泉寺、厦门南普陀寺、莆田广化寺等，皆雕梁画栋、错落有致、气势磅礴、雄伟壮观。

二、丛林道风严整有序。自百丈禅师创立清规以来，丛林生活的规范即成为僧团和合共住的信条，一直延续至今，仍为僧团必须遵守的制度。

三、重视教育，培养僧才。佛教教育一直为福建各名蓝古刹的大德先贤所重视，早在唐宋时期，即有各种形式的讲学活动。近现代的佛学教育则应首推太虚大师创办的闽南佛学院，圆拙长老开办的福建佛学院，当今国内外住持佛教的许多大德多为两院毕业生。

四、弘经布教，法音周遍。人能弘道，非道弘人，福建佛教历来重视经典的传布与流通，宋代福州开元寺历40年雕刻出版《毗卢大藏经》（俗称“福州藏”），明清时期鼓山涌泉寺即刻版印刷佛教经典。斗转星移，现代由圆拙老法师发起和创立的莆田广化寺佛经流通处所印行的佛教典籍，对当代中国佛教的复兴产生了不可忽视的影响与作用。福建的法师，足迹遍及东南亚与中国港、澳、台地区，这些地区至今仍与福建佛教法谊绵延。

五、慈善救济，福利人天。经云：“佛心者，大慈悲心是。”本着无缘大慈、同体大悲的思想与精神，千百年来，福建佛教积极开展济世利民的慈善事业，诸如兴建桥梁、施医施药、赈灾济厄等方面，皆留下了弥足珍贵的感人事迹！

六、通俗信仰普及民间。佛教在福建的不断发展，与传统的儒家、道教结合，从而形成各种地方性的民间信仰，千百年来，广泛融入到福建人民生活之中。

萧梁古刹——福州开元寺方丈本性法师，年富力强，嗣法明旸长老，秉承佛心、师志，集国内专家学者之力，精选出古今中外50名闽籍（或闽地）高僧，编撰《福建历代高僧评传》丛书，此举不仅是福建佛教界的大事，也是中国佛教界的盛事。丛书的出版，不光为彰显福建自古为佛教文化之重镇，更期追踪古圣先贤，为中华佛教界树立崇高典范，其拳拳赤子之情，令人感佩不已。

是为序。

总序二

［中国台湾“中国佛教会”理事长］

在佛门中，曾有传言：“江浙出活佛，福建出祖师。”这不意味江浙不出祖师，而是赞扬浙江省出了一位济公活佛，江苏省则出了一位金山活佛，两者神迹轰动一时，故事流传民间，历久不衰，尤以济公活佛的影响可谓无远弗届。

至于说福建出祖师，那是因为福建多山，钟灵毓秀，而学佛出家为僧者众，也特别勤于修持，所以，历代高僧辈出，古有百丈怀海、黄檗希运、曹山本寂、雪峰义存等一代宗师，近代则有圆瑛、太虚、虚云、印光、弘一、广钦等大师，德泽遗馨犹在。

台闽佛教源远流长，溯流徂源，本是同根繁兴。早于清康熙年间，就有福建鼓山高僧参彻禅师游化台湾，建碧云寺于枕头山，由此开启了福建鼓山法系在台湾的传承。之后，福建佛教陆续传入台湾，出家僧众大多前往鼓山受戒，再转往各地参学。如今鼓山在台法系遍及全岛，如基隆月眉山灵泉寺、台北观音山凌云寺、苗栗法云寺、高雄大岗山旧超峰寺以及台南开元寺等。这是台湾佛教的五大法系，其发祥地即是福建鼓山。

1948 年，慈航菩萨受鼓山法云派下圆光寺住持妙果和尚的邀请，从新加坡到台湾创办台湾佛学院，揭开了台湾光复后首创的僧伽教育机构，招收近百位青年佛子而教育之，造就了台湾佛教的人才，成为现今大弘法化的主流，如现任世界佛教僧伽会长的了中长老、世界佛光总会长的星云长老，以及曾经担任几个佛学院院长的真华长老；在美国有印海、妙峰、净海长老，菲律宾有自立、唯慈长老等。

慈航菩萨是福建人，出家于泰宁庆云寺，曾经参学于国内大师座下，如圆瑛大师、太虚大师等，嗣弘法于东南亚诸国；到台湾之后，于 1949—1950 年成为台湾僧青年的保护伞。由于慈航菩萨生前有回福建祖庭的遗愿，但因缘未具，自知往生时至，实时放下诸缘，于汐止弥勒内院闭关，并立下肉身不坏遗愿，1954 年安详示迹法华关中。众弟子秉遵遗嘱，五年后开缸，成为台湾首尊肉身不坏菩萨，给台湾佛教奠定开枝散叶的深厚基础，这就是祖师的典范，德泽万民！

我是福建人，因受到慈航菩萨在台创办佛学院的感召，于 1949 年春天，负笈台湾亲近慈航菩萨研习佛法。慈航菩萨严持戒律，有过午不食、手不接金银的习惯。在弥勒内院之时，起居生活与学僧相同，身无长物，唯以佛法，广结善缘，除讲课写作外，就是持咒念佛，我受其感化，至今仍遵循慈师没有私蓄、广结善缘的身教，但不及慈航菩萨的修持与德行。虽然如此，我终生感念慈航菩萨的德泽，因为如果没有慈航菩萨在台湾创办僧伽教育，我就不会来台湾，便不知现在是何样子了。

2007 年，福建泰宁庆云寺住持本性法师因发宏愿要迎请慈航菩萨的圣像回归祖庭供奉，与我联系，我万分感奋，因为我对慈航菩萨多年感念于心，终于有了报答的机会。

在本性法师的真诚感召之下，慈航菩萨圣像的回归安奉，获得供奉慈航菩萨圣像的慈航纪念堂性旻法师同意，以及弥勒内院、静修院、菩提讲堂和慈航菩萨法系的肯定，2007 年 9 月在本性法师率团迎请及中佛会率团护送下，由台湾经金门、厦门、福州、泰宁等地，隆重迎请与护送之仪式，引起世界佛教徒的高度关注与向往，使慈航菩萨的文化、教育、慈善等振兴佛教的三大理念，重新受到教界的重视！

本性法师是福建人，出家之后，曾被派到斯里兰卡研习佛法，获得硕士学位之后，即回国服务，是现今中国佛教倚重的弘法人才。本性法师重视教育与文化，在现代僧伽中，最具有佛学素养，能获其发愿承继慈航菩萨的三大志业，定能得心应手；对振兴中国佛教，一定能够贡献卓著，必使吾师慈航菩萨含笑于兜率弥勒内院矣！

2010 年初，本性法师向我提及将要出版《福建历代高僧评传》丛书，并为我师（慈航菩萨）立传于其中，以为弘扬福建佛教于世界。这是一桩不朽的大功德，令我欣喜赞赏，因为历代祖师一生宏愿在于广传佛法，启导人心向善，而近代之高僧大德更是戮力相承，不遗余力，慈航菩萨则是两岸佛教弘法利生之代表。但愿此书面世，能成为各地教徒的明灯，普照大乘佛教于世界。

是为序！

总序三

［中国香港佛教联合会　会长］

《福建历代高僧评传》丛书面世，既承传了佛教史籍的文化传统，又发挥了于现代传达佛教精神的作用。

丛书以福建本籍高僧，或其他高僧在闽省弘化为描述重点，这并不存有畛域之见，只是从点到线而面作一引述，毕竟弘传佛法是佛教徒的普世事功。佛陀在世，将佛法真理，以游化诸国方式作广传，佛灭度后，佛教僧团为续佛慧命，从佛教发源地，以放射式到全球各方弘法，佛教才有南传北传，佛法才有东渐西渐的空间说法。丛书为个别高僧作评传提到的弘法国家和地区有中国内地、新加坡、菲律宾、马来西亚、印尼、越南、中国香港和台湾。这崭新的载述，是过往僧传未曾有的。

梁慧皎撰写了我国佛教最早一部高僧史籍《高僧传》，编制起自东汉迄梁，九个朝代，继后唐道宣著《续高僧传》，宋赞宁著《大宋高僧传》，明如惺著《大明高僧传》，这四朝高僧传，在时间体例上大致依所历朝代作纵线安排。现今丛书亦以自唐、五代、宋、元、明、清、近现代等历代时间分述，条理分明，且紧贴时代。

人能弘道，道赖人传，佛教僧伽潜修向佛，当自可了脱生死，而佛陀成立僧团的重要目的，不只在引导僧伽自了，而在冀望他们能广宣弘化，普度众生，弥补了佛法虽好无人说的缺漏。因此僧伽便负有弘法利生的重任。僧伽队伍庞大，发心和行动不一，自慧皎为僧立传，取高为僧人品行标准，于是僧人中就有为众称誉为高僧的。《高僧传》由膺任高僧的都是高蹈独觉的出家人，品行德高才堪称高僧，为他们立传是因他们能起言为人师、行为世范的教化作用。四部高僧传大同小异地将高僧德业分十门类记述：译经、义解、神异、习禅、明律、亡身、诵经、兴福、经师及唱导。清徐昌治编辑《高僧摘要》一书，将拘于形式的十门类转录为四类高僧：道高、法高、品高、化高。评传丛书不拘十门四类作高僧分论，只为个别作评传，想是高僧才具或专或博，修持或潜或显，都咸以佛陀万德庄严为依归，丛书这样编排评传实属契机合理。

僧伽有名无德固然是个别追求名闻利养的习气，不足为训，而有德无名亦难起宣教作用，为德高望重的高僧行事作翔实的布导，身教言教作客观的评述，《福建历代高僧评传》内容想必有感人的情节、动人的语言文字，应是最佳引人入胜的宣教题材，是直心向佛学佛人的最佳课本。期待这新编佛教史籍会是“澡雪精神，不特名世，亦必传世”。

佛历二五五三年（2009）仲夏

觉光序于香港观宗寺 时年九十

总序四

健钊

［中国澳门佛教总会　会长］

窃以慧日高悬，辅掌闽之法化；有教无类，为学院培育龙象，如是性相，导开元佛学研究；万物生光，书画畅阐本怀，弥勒应世，专研慈航文化；任福州开元、泰宁庆云之丈席，为继承发扬佛教文化之精髓。

本性大和尚，借开元佛教文化研究所，出版《福建历代高僧评传》，丛书之首，邀吾作总序，自惭才疏，实愧不敢当也！唯感与师，相交相知，游历各邦，学养深厚，慈风法雨，著作良多，恩泽众生，年轻有为，今荷担如来家业，是为翘首以瞻之。

《福建历代高僧评传》丛书，专选闽之先贤，殊胜因缘高僧，如闽侯雪峰义存禅师，上继行思，下开二宗，偈曰："切忌从他觅，迢迢与我豨，渠今正是我，我今不是渠。"

玄沙师备禅师，闻燕子声，随机示众："此声乃诸法实相，善巧说法之显现。"

演音弘一大师："佛者，觉也，觉了真理，乃能誓舍身命，牺牲一切，勇猛精进，救护国家。是故救国必须念佛。”

古岩德清虚公老和尚：“证悟真空，万法一体，离合悲欢，随缘泡水。”

宏悟圆瑛老法师，宗通说通，辩才无碍，精研楞严，推为独步，教人“舍识用根，忘尘照性，悟圆理，起圆修，得圆证，疾趣无上菩提矣!”

泰宁慈航菩萨，护国弘教，实践人间佛教，服务社会，弘扬佛教传统；积极奉献，慈悲精神永在；勉励后学，身体力行实践。

漳州妙智和尚，注重禅修，深谙医术，提倡佛教养生之道，“三勤、三静、三淡、三乐”。古哲先贤，兹选五十余位，大德垂训，著述独立评传，每本约十万字，共计五百万数，诚邀专家学者评传，实乃近代庄严伟岸之纪。

佛陀入灭至今，已历二千五百余年，若无前人翻译经典以留传，如何发展各种思想与理论；若缺不同形式之劝世诗词，后世实难有可听闻机会；文章论述，了解当年佛陀教化；高僧传记，形象风范足传千古。从超越群峰，睥睨世情而视之，高僧无象之象，才会蔼然照耀。通过文字技巧，叙述介绍方式，将高僧之行谊，呈于读者眼前，经过文学表现，方能普及于民间，深入民心，达致弘法效用矣。

留传至今之各种传法方式，实有赖历代高僧努力所致。高山仰止，景行行止，而心向往之。重温过去高僧之行谊，从而体验先贤之贡献，如何影响后世，乃至中国佛教。吾深信阅读《福建历代高僧评传》，必有助于提升个人心灵之洞见，为汝修行前路，点燃一盏明灯。默然祝祷！虔敬而颂之！

中国澳门佛教总会　健钊

佛纪二千五百五十三年岁次己丑佛诞日

总序五

释本性

[福建省开元佛教文化研究所 所长
福州芝山开元寺方丈]

福建，简称“闽”，位踞东南，多山而临海，与台湾隔海相望。陈永定元年（557）置闽州，下辖晋安、建安、南安三郡，此为福建省级建制之始；唐开元间，从福州、建州各取一字，这就是“福建”之名的由来。

闽地古称边鄙，远涉不易。筠州九峰普满大师问僧：离什么处？曰：闽中。师曰：远涉不易。曰：不难，动步便到。师曰：有不动步者么？僧曰：有。师曰：争得到此间。僧无对。（《景德传灯录》卷十七）然闽地民人，谙习佛法，其来久矣。据学者言，早在东汉、东吴、西晋时期，即有西域僧人取海路来华，而后来以海路来华且与福建有关者，就有佛教“四大翻译家”之一的真谛法师。据传，今南安九日山“翻经石”即为当年真谛翻译佛经之遗迹。

佛教在中土的发展，到唐代而臻于鼎盛，宗门崛起，“一花开五叶”，形成曹洞宗、临济宗、法眼宗、云门宗、沩仰宗五大宗，阅诸僧史传录，五宗祖师大都与福建有关联。

道一禅师，得法南岳让禅师门下，俗姓马，世称马祖，《景德传灯录》卷六云：“唐开元中习禅定于衡岳传法院，遇让和尚，同参九人唯师密受心印。始自建阳佛迹岭，迁至临川，次至南康龚公山。”马祖传法于建阳佛迹岭，是为南宗禅在闽传播之始。

百丈怀海禅师，福州长乐人，嗣法马祖。师睹禅宗自曹溪以来，多居律寺，于是创意别立禅居，建方丈、法堂等，丛林规模由是初具，禅门由是独行，其功甚伟！

沩山灵祐禅师，福州长溪（今霞浦）人，嗣法怀海禅师。师居沩山，敷扬宗教凡四十余年，达者不可胜数，入室弟子四十一人，最著者为仰山慧寂，其宗后称沩仰宗。

黄檗希运禅师，福州人。师参怀海禅师，弘化江表，开“黄檗门风”。

雪峰义存禅师，俗姓曾，南安县人。出家参学多方，得法归闽。其座下弟子众多，以玄沙师备、鼓山神晏为最著。义存禅学博大精深，云门与法眼两宗皆源出其门。

曹山本寂禅师，莆田人，嗣法洞山良价禅师。居曹山，为曹洞宗宗祖。

以上诸师，都是禅门开宗立派之祖师，佛之慧命，赖其传续。

宋代福建佛教达于极盛，丛林有上千座之多。禅宗曹洞、云门、法眼、临济、黄龙和杨岐诸宗在闽皆有流行，各领风骚于一时。

至于明清，国内佛教界，渐染世习，弊窦丛生，时佛门诸俊，莫不以振兴宗门、光大佛教为职志，由是有“明末四大高僧”出焉。在明末如火如荼的禅门复兴运动中，闽籍高僧出力甚勤，永觉元贤、为霖道霈诸师，于闽浙赣等地，踞狮子座，擂大法鼓，“中其毒而死者”，实繁有徒，其重振曹洞一宗雄风，时人莫不称叹。又有福清临济僧隐元隆琦，布教东瀛，开创日本黄檗宗，为中日佛教交流史上的一位重要人物。

及于近现代，佛教界亦有令人高山仰止之“四大高僧”——虚云禅师、太虚法师、弘一法师和圆瑛法师。他们悲心真切，誓愿宏深，以福建为主要道场，立大法幢，救正法于危厄，济民生于倒悬。

虚云法师，生于泉州，被尊为一代禅门宗匠，曾长期弘化于福建。师一身兼担禅宗五派门庭——接传曹洞宗，兼嗣临济宗，中兴云门宗，扶持法眼宗，延续沩仰宗。师一生习禅苦行，以长于整顿佛教丛林、兴建名刹著称，曾是中国佛教协会名誉会长之一。

太虚法师，民国时期中国佛教界著名领袖之一。师一生致力于现代佛教的改革运动，提倡“人生佛教”，是当代“人间佛教”理念的开创者。师还创办各类佛学院，培养僧才，其在闽弘法多年，创办了闽南佛学院。闽南佛学院为现当代佛教界培养了一大批精英人才。

弘一法师，严持戒律，精研佛典，被尊为南山律宗第十一代宗师。师久居厦门南普陀及泉州承天、开元等寺，门下著名弟子有圆拙法师等。

圆瑛法师，古田人，曾任民国中国佛教会理事长，中国佛教协会第一任会长。师辩才无碍，独步楞严，致力于兴办慈幼院，弘法度生。一生高举爱国爱教旗帜，积极献身中国抗日运动和新中国建设事业，其门下弟子有明旸长老、赵朴初居士、白圣长老、慈航法师等。

近现代的福建高僧，多有弘化于东南亚诸国者，他们为佛教在东南亚的发展做出了突出的贡献，如转道法师，南安人，曾参学于圆瑛、会泉诸位大德，曾任新加坡中华佛教会会长；宏船法师，晋江人，历任新加坡佛教总会主席、新加坡佛教总会会长；性愿法师，南安人，致力弘扬佛法，被尊为“菲律宾佛教之开山初祖”……

1949 年，中华人民共和国成立，在新的社会形势下，佛门弟子各承师志，弘化一方，又涌现出了许多闽籍高僧。

圆拙法师，连江人，为弘一大师的衣钵传人。先后担任福建省佛教协会副会长、名誉会长，中国佛教协会副会长，中国佛教协会咨议委员会主任等职。师一贯重视佛经流通，创办莆田广化寺佛经流通处等，印行经书，法雨普滋，名闻全国。

明旸法师，福州人，依圆瑛大师披剃出家，法名日新，号明旸。先后两次随圆瑛大师远涉南洋各地募款救国。曾任第八届全国政协常委、全国政协民族宗教委员会副主任、中国佛教协会副会长等职。

台湾佛教自古与福建佛教法缘甚深。连横《台湾通史》言：“（台湾）佛教之来，已数百年，其宗派多传自福建。”两岸佛教界同根同源，近年来，教内交往越发频繁，两岸僧人同聚首，共叙法乳深恩，为海峡两岸的和平与发展，为中华民族的伟大复兴，竭尽绵薄之力。

慈航法师，建宁人，剃度出家于泰宁庆云寺，后驻锡台湾。师圆寂后，肉身不化，是台湾第一尊肉身菩萨。师学从太虚大师，嗣法圆瑛老和尚，精专唯识，倡导人间佛教理念，创办《人间佛教》月刊，以“文化、教育、慈善”推动实践人间佛教精神，对当代台湾佛教界有着极为深远的影响。

2007 年 9 月，承慈航菩萨圣像回归泰宁庆云寺祖庭活动举办之胜缘，为继承与弘扬中国优秀的佛教文化，加强福建省与国内外佛教文化界的友好交往，挖掘、整理、研究、光大福建佛教文化，经福建省民族宗教厅同意、福建省社会科学界联合会批准、福建省民政厅登记，福州开元寺创办了福建省开元佛教文化研究所。建所伊始，我们即拟订了编撰《福建历代高僧评传》丛书的课题计划，选取与福建有殊胜因缘的代表性高僧约 50 位，为每位高僧撰写一本评传。

这套丛书的出版得到社会各界的大力支持，国内外专家学者热烈响应，并积极参与丛书的编撰工作。值此《福建历代高僧评传》丛书付梓之际，我谨代表福建省开元佛教文化研究所对所有曾为丛书组织、编撰、审稿和出版付出辛勤劳动的各界人士表示诚挚的感谢，特别感谢中国佛教协会副会长、福建省佛教协会会长学诚大和尚，中国台湾“中国佛教会”理事长净良长老，中国香港佛教联合会会长觉光长老，中国澳门佛教总会会长健钊长老诸前辈拨冗赐序，并感谢中国人民大学方立天教授、福建省文史馆副馆长余险峰先生、福建社会科学院原院长严正教授、本所副所长张善荣先生和王岗峰教授等专家学者的关心与支持。我们衷心希望学界、佛教界以及社会各界人士能够一如既往地给予此丛书更多的关注，以使该丛书能够对推动福建乃至中国的佛教学术研究事业有所助益。

佛历二五五三年（2009）

于福州开元寺禅悦斋

目　录

第一章 文偃禅师与福建的悟道因缘

云门文偃禅师（864—949），是禅宗云门宗的创始者。因文偃禅师住韶州云门山（今广东省乳源瑶族自治县北）的光泰禅院举扬一家宗风，后世取其所居山名而命宗。尽管文偃禅师不是福建人，但他与福建却有着密不可分的因缘，这一因缘来自对他影响最大的三位禅师：一位是陈尊宿道踪禅师，尽管道踪不是福建人，但他的老师黄檗希运却是地地道道的福建人；而另两位是雪峰义存和灵树知敏，都是福建人。

一 唐宋转型时期的云门文偃

陈寅恪先生曾说过："凡著中国古代哲学史者，其对于古人之学说，应具了解之同情，方可下笔。盖古人著书立说，皆有所为而发；故其所处之环境，所受之背景，非完全明了，则其学说不易评论。"[①] 所以，如

① 陈寅恪：《审查报告一》，载冯友兰《中国哲学史》（下册），华东师范大学出版社2000年版，第432页。

果我们想“对所研究的对象力求真实地反映事实本身，而不至于曲解，这就必须忠实于那些创造历史的人们，从他们与整个环境的关系中把握他们自身的意图。这一原则意味着要把历史背景与教派信仰的关系作为辩证的统一体来理解，而不应有所偏颇”①。那么，云门文偃禅师所生活的时代是一个怎样的时代？文偃生于公元 864 年，逝于公元 949 年，以 907 年唐朝灭亡为分界，禅师的前四十三年生活在晚唐时期，后四十三年生活在五代十国时期。五代十国指的是中国在唐宋之际长达半个多世纪的一个分裂割据、战争绵延的历史时期。这是一个战乱频仍、文化衰落的时代，同时，也是禅宗发展史上的一个黄金时代。

在刻画对于时代境遇之内心感受时，英国著名作家查尔斯·狄更斯曾在其名著《双城记》的开头中这样写道：“这是最好的日子，也是最坏的日子；这是智慧的世代，也是愚蠢的世代；这是信仰的时期，也是怀疑的时期；这是光明的季节，也是黑暗的季节；这是希望的春天，也是绝望的冬天。我们面前好像样样都有，但又像一无所有；我们似乎立刻便要上天堂，但也可能很快便入地狱。”② 正所谓“人同此心，心同此理”。狄更斯关于法国大革命时代一般人的内心感受之描述，也完全可以适用于晚唐至五代十国时期的中国人。这样一种对时代境遇的矛盾感受，生活于晚唐至五代十国时期的佛教徒们也同样会有所体验。对于佛教而言，晚唐至五代十国时期同样是一个最好的时代，也是一个最坏的时代。说它最坏，是因为这是一个爆发过佛教法难的时代，也是一个

---

① ［美］欧大年：《中国民间宗教教派研究》，刘心勇等译，上海古籍出版社 1993 年版，第 13—14 页。

② 转引自余英时《现代儒学的回顾与展望》，生活·读书·新知三联书店 2004 年版，第 1 页。

“视人命如草芥”的战乱时代。在文偃禅师出生后的第十四年，也就是878年，爆发了中国历史上著名的黄巢农民起义，一直延续至884年，战乱波及全国；说它最好，则是因为作为中国化佛教宗派最典型代表的禅宗，正是在这个时期以“一花开五叶”的发展态势兴盛起来，所以史学家陈垣先生有“五代末，北宋初，佛教各派均已式微，独曹溪以下五宗，于此时渐次成立”① 的说法。

唐武宗时发生的会昌法难，始于会昌三年（843）四月，止于会昌六年（846）武宗驾崩。这次毁佛法难对佛教的发展造成了重大损失。据《旧唐书》卷十八《武宗纪》记载，这次法难，“天下所拆寺四千六百余所，还俗僧尼二十六万五百人”②。到唐宣宗时期，佛教寺院陆续得到了恢复，《宋高僧传》中称“宣宗中兴释氏”③。到唐懿宗时期，懿宗本人信佛，曾广建佛寺，大造佛像，普印佛经，使得佛教又迅速兴盛起来。就在云门文偃禅师出生的公元864年，即唐懿宗咸通五年，“谏议大夫裴坦上疏，论天下征兵，财赋方匮，不宜过兴佛寺，以困国力”④，由此可以看出唐懿宗对佛教的推动。咸通十四年三月，唐懿宗诏令长安所有僧尼于凤翔法门寺迎佛骨，四月八日佛骨至京的那天，“自开远门达安福门，彩棚夹道，念佛之音震地。上登安福门迎礼之，迎入内道场三日，出于京城诸寺。士女云合，威仪盛饰，古无其比”⑤。这一时期的佛教，在经历了唐武宗灭佛的会昌法难之后，开始了复苏和

---

① 陈垣：《中国佛教史籍概论》，上海书店出版社2001年版，第33页。

② （后晋）刘昫等：《旧唐书》，中华书局1975年标点本，第608页。

③ （宋）赞宁：《宋高僧传》（上），中华书局1987年标点本，第286页。

④ （后晋）刘昫等：《旧唐书》，中华书局1975年标点本，第655页。

⑤ 同上书，第683页。

发展。

五代十国时期的佛教，在南北方的发展呈现出不同的光景。五代指的是“北方地区，先后有后梁、后唐、后晋、后汉、后周的先后嬗替，但这种转变却是以残酷的断杀为代价的，战争与五代相始相终”①。就统治者的佛教政策而言，除后唐庄宗、后晋高祖等个别帝王外，其他君主都采取了抑佛的政策。其中，禁佛最严重的，尤以后周世宗为最。他于显德二年（955）在北方开始了大规模的禁佛运动，与北魏太武帝、北周武帝、唐武宗合称为“三武一宗”，是佛教发展史上经历的四次由帝王发动的最大的法难。北方佛教在继会昌灭佛的打击之后，唐末虽有短暂的复苏发展，但在五代时期却只能勉强维持，甚至遭到打击而不断衰落。以河南一地为例，北宋史学家欧阳修曾记载这种由盛而衰的转折情况：

> 河南自古天子之都，王公戚里、富商大姓处其地，喜于事佛者，往往割脂田、沐邑、货布之赢，奉祠宇为庄严。故浮图氏之居与侯家王第之楼台屋瓦，高下相望于洛水之南北，若弈棋然。及汴建庙社，称京师，河南空而不都，贵人、大贾废散，浮图之奉养亦衰，岁坏月隳，其居多不克完，与夫游台、钓池并为榛芜者，十有八九。②

相对于北方战火纷飞的光景，南方相对比较和平。据范文澜先生

① 徐庭云主编：《中国社会通史·隋唐五代卷》，山西教育出版社1996年版，第547页。
② （宋）欧阳修：《欧阳修全集》，中华书局2001年标点本，第925页。

说："唐末和梁、唐、晋、汉四朝，黄河南北广大地区遭受严重的战争破坏。唐末杨行密割据淮南，阻止北方的战乱波及长江流域，南方诸国得以稳定内部，发展经济，虽然不免也有战争和暴君，比起北方来，却显得较为安宁。"[①] 五代十国时期，南方先后有前蜀、后蜀、吴、吴越、南唐、闽、楚、南汉、荆南和北方的北汉十个割据政权。在这种相对安宁的局势下，十个割据政权的君主大都支持佛教，把佛教视为在当时政权频繁更替、社会动乱不安的环境中安稳人心的一种方法，如南唐中主就认为"菩提之教，与政通焉"[②]。时人黄滔也说："帝王之道，理世也；释氏之教，化人也。理世之与化人，盖殊路而同归。"[③] 十国君主的崇佛政策，客观上推动了佛教的继续发展。

在南方获得兴盛发展的佛教宗派主要是慧能[④]的南宗禅。经过唐武宗会昌法难、佛教凌迟的境遇后，佛教所重新焕发的生机与活力就表现在南宗禅"一花开五叶"的蓬勃发展中。"五季时，中原扰攘，独岭海承平小安，民不受兵。"[⑤] 南方九国这种相对安宁和平的氛围，既为禅僧游方参禅提供了相对安全的客观环境，也为禅师创建宗派提供了比较稳定的时局环境。我们知道，禅宗在五祖弘忍之后分为南、北二宗，即神秀的北宗禅与慧能的南宗禅。慧能南宗禅的兴起，始于弟子神会北上与神秀北宗争禅门正统，其兴盛则在马祖道一的"洪州禅"和石头希迁的"石头禅"时期。据宋代余靖在《韶州月华山花界寺传法住持记》中说：

① 范文澜：《中国通史简编》第3编，人民出版社1978年版，第483页。

② 《释氏通鉴》卷一二，《卍新纂续藏经》第76册，第132页下。

③ （清）吴任臣：《十国春秋》，中华书局1983年标点本，第1309页。

④ 慧能，亦作惠能。本书行文取"慧能"，引文"惠能"不改。

⑤ 同上书，第891页。

> 大鉴门人高第者庐陵思、衡岳让。让传大寂，居江西，世呼马祖是也；思传希迁，居南岳之石头。建中、正元间，方袍之学心者江衡千里，道路如织，亦西河、北海之风也。①

在洪州的马祖和在南岳的希迁门下弟子成群，而且这些弟子穿梭来往于洪州和南岳之间，成为当时远近闻名的两大禅门胜地。也就在这时，慧能南宗禅开始“一枝独秀”地兴盛起来。《景德传灯录》卷六《江西道一禅师》传中辑者注说：

> 故禅法之盛始于二师。刘轲云：“江西主大寂，湖南主石头。往来憧憧，不见二大士，为无知矣。”②

据说禅宗的中土初祖达摩大师传法给二祖慧可时，曾有一偈语说：“吾本来兹土，传法救迷情。一花开五叶，结果自然成。”③ 从字面的意思来看，“一花开五叶，结果自然成”说的是一朵花长出了五片花瓣，并长成了丰硕的果实，而人们普遍的看法是，这一偈语是比喻禅宗在中国扎根以后，发展到晚唐至五代十国时期，从石头禅和洪州禅中分流出南禅五家，以后的禅学发展，大抵是不出这五家的范围的。所谓五家指：沩山灵祐和仰山慧寂开创的“沩仰宗”，黄檗希运和临济义玄开创的“临济宗”，云门文偃开创的“云门宗”，洞山良价和曹山本寂开创的

---

① （宋）余靖：《武溪集》卷九，《文渊阁四库全书》（下引简称《四库全书》）第1089册，第83页上。

② （宋）道元辑：《景德传灯录》（上），海南出版社2011年点校本，第137页。

③ （宋）普济：《五灯会元》（上），中华书局1984年标点本，第45页。

“曹洞宗”，以及清凉文益开创的“法眼宗”。对此，许多禅宗典籍均有记载，如《林泉老人评唱投子青和尚颂古空谷集》云：

> 至曹溪六祖之下分而为二：一曰南岳让，二曰青原思。让之已下复分为二：曰沩仰，曰临济。思之已下亦分为三：曰曹洞，曰云门，曰法眼。曹溪一派今分为五，此应一花五叶之悬谶也。大抵所传之法本无有异，为各立门庭施设不同。①

这是说五大宗派所传的法并没有什么不同，之所以将它们分为五宗，是因为它们对禅的本质做了不同侧重的把握与体验，只是风格不同而已。法演禅师则有一个比喻：临济如“五逆闻雷”，显其惊绝；云门如“红旗闪烁”，显其微露；沩仰如“断碑横古路”，显其深奥；曹洞如“驰书不到家”，显其回互；法眼如“巡人犯夜”，显其隐微。② 这五宗虽各有特点，但都同源于慧能南宗的顿悟思想。据《万法归心录卷下·禅分五宗》中说：

> 僧问：“达摩西来直指一心。因甚六祖以下，枝分五派，各家独立门庭，施设差别异相?”
>
> 师曰：“如金作器，器器皆金；似火分灯，灯灯是火。虽然枝茂叶盛，其根本乎一体。汝若智眼洞明，自然了法无二。”③

---

① 《林泉老人评唱投子青和尚颂古空谷集》卷一，《卍新纂续藏经》第67册，第270页中。

② 《法演禅师语录》卷上，《大正藏》第47册，第655页下。

③ 《万法归心录》卷下，《卍新纂续藏经》第65册，第477页中。

五家禅辉光互耀，使慧能开创的南宗禅一脉法海横流，遍及四方，进入一个新的发展阶段，不仅成为中国禅宗的主流，而且也几乎成为中国佛教的代名词。

禅宗的兴起对此后中国思想文化的发展影响很大，甚至在有的学者看来，禅宗开启了“唐宋转型中的思想突破”。学者们已经明确指出，唐宋时期的社会与文化发展的一个基本特征就是“转型”。余英时指出，漫长的中国思想传统可以划分出三个主要的突破：第一次的突破大约发生在孔子的时代，当时以儒家、墨家和道家为代表的各种学派开始创造出最基本的文化传统；第二次大的突破发生在三四世纪的魏晋时期，这一时期作为整个汉代思想模式的儒学让位于玄学清谈，不久玄佛合流成为此后几个世纪中国思想的主流；传统中国第三次也是最后一次重要的思想突破是新儒家的崛起与发展。而余英时在考察了导致新儒家突破的那个历史过程后指出：

> 事实的真相是，如果我们拓广我们的视野，并尝试去辨明从唐末到宋初中国人精神发展的普遍趋势，我们就会发现，这最后重要的突破远超出通常被当作新儒家兴起的思想运动的范围，纵然对于新儒家从11世纪以来处在重要的中心位置是毫无争议的。总的来看，这次突破可以广义地定义为一次采取明确的“入世转向”的精神运动。这次转型的“发起人”不是儒家，而是惠能（638—713）创建的新禅宗。新禅宗开始了“入世转向”的整个过程，然后先是

将儒家，其后是将道教卷入了这一运动。[①]

云门文偃正是生活在这样一个时代，并参与到时代思潮之建设的一位禅师。在余英时看来，云门文偃也是新禅宗“入世转向”精神运动过程中不可忽视的一位禅门思想家。他说：“有人问云门文偃（864—949），当佛僧的行为有如普通人时他应该做什么。文偃说：‘早朝牵犁，晚间拽耙。’这儿我们看到新禅宗怎样渐渐地将来世苦行生活转变成入世的苦行生活。”[②]

那么，作为这个时代的“弄潮儿”，云门文偃的历史地位到底如何？权发遣两浙转运副使公事的苏澥，在熙宁丙辰（1076）三月二十五日为《云门匡真禅师广录》所写的序中是这么评价的：

> 祖灯相继，数百年间，出类迈伦，超今越古，尽妙尽神，道盛行于天下者，数人而已。云门大宗师特为之最。擒纵舒卷，纵横变化。放开江海，鱼龙得游泳之方；把断乾坤，鬼神无行走之路。草木亦当稽首，土石为之发光。[③]

当然，对于一个佛教思想家来说，他在佛教思想发展史中具有什么样的地位，也许教外人士的看法更显公允。要看待云门文偃在中国思想史上的地位，历史上的一次名人之间的重要对话与议论，值得我们注

① 余英时：《唐宋转型中的思想突破》，《人文与理性的中国》，程嫩生、罗群等译，上海古籍出版社2007年版，第51页。

② 同上书，第55页。

③ （宋）赜藏主编集：《古尊宿语录》（上），中华书局1994年标点本，第346页。

意。北宋时的著名士大夫张方平（1007—1091）与当时的政治家、文学家、思想家王安石（1021—1086）曾有一段对话，据《佛祖统纪》卷四五记载：

> 荆公王安石问文定张方平曰："孔子去世百年，生孟子，后绝无人，或有之而非醇儒。"方平曰："岂为无人？亦有过孟子者。"安石曰："何人？"方平曰："马祖、汾阳、雪峰、岩头、丹霞、云门。"安石意未解。方平曰："儒门淡薄，收拾不住，皆归释氏。"安石欣然叹服。其以语张商英，抚几赏之曰："至哉此论也。"①

云门文偃禅师在唐宋时期的思想地位，从这一段士大夫的对话中可见一斑。

二　幼依空王寺志澄律师出家

关于文偃禅师的生平事迹，《宋高僧传》无载。最早的文字资料是南汉雷岳撰《云门山光泰禅院匡真大师行录》（以下简称《云门行录》），《大汉韶州云门山光泰禅院匡真大师实性碑并序》（以下简称《实性碑》），南汉陈守中撰《大汉韶州云门山大觉禅寺大慈云匡真宏明大师碑铭并序》（以下简称《碑铭》）。此后面世的《祖堂集》《景德传灯录》《禅林僧宝传》《联灯会要》《五灯会元》等文献中也都有关于文偃禅师的传记，对其生平事迹有详略不同的记载。下面将主要依据这些资料考察文偃禅

① 《佛祖统纪》卷四五，《大正藏》第49册，第415页中。

师的生平事迹。

云门文偃禅师生于唐懿宗咸通五年（864），俗姓张，姑苏嘉兴（今浙江嘉兴）人。嘉兴自古以来就是鱼米之乡，素有“嘉禾一穰，江淮为之康；嘉禾一歉，江淮为之俭”的说法。嘉兴也是人才荟萃之地，这片浙西秀水养育了许许多多的俊逸英才，文偃禅师就是其中的佼佼者。自幼年起，文偃就表现出了他的不同凡俗之处，据宋人慧洪所作《禅林僧宝传》载，文偃“性豪爽，骨面丰颊，精锐绝伦，目纤长，瞳子如点漆，眉秀近睫，视物凝远”①。

文偃禅师幼年时就生出尘求道之心。谈及自己出家求道的因缘，文偃禅师在临终顺化之前所作的《遗表》中自述道：

> 臣迹本寒微，生从草莽，爰自髫龀，切慕空门。洁诚誓屏于他缘，锐志唯探于内典。②

据云门文偃自己的回忆，他在髫龀之际就已经切慕空门，有出家的追求。“髫”指古代儿童头上下垂之发，“龀”同“龇”，意谓儿童换牙，故髫龀谓七八岁的幼年时期。如白居易《观儿戏》诗中有“髫龇七八岁，绮纨三四儿”③ 的说法。南汉雷岳在其所著《云门行录》中，对云门文偃禅师的早期出家经历有较为信实的记录。据《云门行录》记载：

① 《禅林僧宝传》卷二，《卍新纂续藏经》第79册，第494页中。

② （宋）赜藏主编集：《古尊宿语录》（上），中华书局1994年标点本，第344页。

③ （唐）白居易：《白居易集》，中华书局1999年标点本，第189页。

> 师讳文偃，姓张氏，世为苏州嘉兴人，实晋王冏东曹参军翰十三代孙也。师夙负灵姿，为物应世。故才自髫龀，志尚率己厌俗。遂依空王寺志澄律师出家为弟子。以其敏质生知，慧辩天纵，凡诵诸典无烦再阅，澄深器美之。及长落发，禀具于毗陵坛。后还澄左右，侍讲数年。赜穷《四分》旨……①

在上述这段记载中，雷岳提到了与文偃禅师有关的“一祖”“一寺”和“一师”。其中：

“一祖”指的是西晋时期著名的文学家张翰，为文偃十三世祖。据《晋书·张翰传》中记载，张翰，字季鹰，吴江莘塔人氏，年五十七卒。父亲是三国孙吴的大鸿胪张俨。张俨死后不久，东吴就被西晋所灭。作为亡国之人的张翰虽然有才华，善于写文章，但是身受亡国之痛，佯狂避世，不愿意受世俗礼法的约束，恃才放旷，很像曹魏时放荡不羁的阮籍。因为阮籍曾经担任过步兵校尉，世称“阮步兵”，所以当时人就称张翰为“江东步兵”。《晋书》中记载他“任心自适，不求当世。或谓之曰：‘卿乃可纵适一时，独不为身后名邪?’答曰：‘使我有身后名，不如即时一杯酒。’时人贵其旷达”②。据《世说新语·任诞》中记载，东吴灭亡之后，有一次张翰在阊门附近的金阊亭听到有琴声清越，循声找去，原来是会稽名士贺循泊船于阊门下，在船中弹琴，张翰和他从不相识，但是一见如故，顿有相见恨晚的知音之感，两人依依不舍。当张翰问得贺循是去洛阳后，就临时决定和贺循一起去洛阳，登船就走，连

---

① （宋）赜藏主编集：《古尊宿语录》（上），中华书局1994年标点本，第346页。

② （唐）房玄龄等：《晋书》，中华书局1974年标点本，第2384页。

家人也没有告诉。由此事可以看出张翰为人处世确实随心所欲，不负"江东步兵"的雅称。[①] 时值"八王之乱"，齐王司马冏当国，征召张翰，授予大司马东曹掾的官职。张翰对同乡顾荣说："天下纷纷，祸难未已。夫有四海之名者，求退良难。吾本山林间人，无望于时。子善以明防前，以智虑后。"顾荣也拉着张翰的手悲伤地说："吾亦与子采南山蕨，饮三江水耳。"张翰因不愿卷入晋室八王之乱，见秋风刮起，思念起吴地的菰菜、莼羹、鲈鱼脍等家乡美味，并反思道："人生贵得适意而，何能羁宧数千里以要名爵?"[②] 俄而齐王大败，时人赞叹他能见机。张翰洛阳为官时，曾写下著名的《思吴江歌》："秋风起兮佳景时，吴江水兮鲈正肥。三千里兮家未归，恨难得兮仰天悲。"[③] 遂辞官返乡，命人驾车回归故里，在中国诗学中留下了"莼鲈之思"的美谈。张氏世居吴中嘉兴一带。东晋南北朝隋唐期间，吴中张氏与佛教一直保持着密切关系。文偃自幼成长在这样一个崇尚佛教且与佛教有很深渊源的世家望族，思想上不免就会有出尘之志。

"一寺"当是空王寺，这是文偃剃度出家的寺庙。据《云门行录》《祖堂集》《实性碑》等记载，云门文偃最早出家的寺庙为空王寺，而《祖庭事苑》中说他"受业于兜率院"[④]，《禅林僧宝传》中也说他"少依兜率院得度"[⑤]，那么，空王寺与兜率院是不是一处？据元徐硕所编撰的嘉兴地方志图书《至元嘉禾志》卷十四《仙梵》记载："僧文偃，嘉

---

① （南朝）刘义庆撰，徐震堮校笺：《世说新语校笺》，中华书局1984年版，第397页。

② 同上书，第317页。

③ 吕晴飞、李观鼎、刘方成主编：《汉魏六朝诗歌鉴赏辞典》，中国和平出版社1990年版，第411页。

④ 《祖庭事苑》卷一，《卍新纂续藏经》第64册，第314页上。

⑤ 《禅林僧宝传》卷二，《卍新纂续藏经》第79册，第494页中。

禾人，俗姓张氏。因出外游方，遂得道于雪峰禅师。至韶州，康王赐号康真。既葬，肉身不坏。宋太宗赐号大慈云康真洪明禅师，至今云门一宗遂传。有云门井在兜率寺中，病者饮其水以疗疾。”① 据《至元嘉禾志》卷十《寺院》载：“兜率寺在郡治东北一里。考证旧放生池也。唐乾元元年（758 年，引者注）置，名法空寺。钱氏改为轮王寺。宋大中祥符元年赐名兜率，德祐元年废为教场，今为北营。”② 据《宋高僧传·唐吴郡嘉兴法空王寺元慧传》载：“释元慧……以开成二年（837 年，引者注）辞亲，于法空王寺依清进为弟子。……大中初，还入沙门。至七年，重建法空王寺。”③ 由上述资料推测，是寺建于唐乾元元年（758），初名法空寺，或名法空王寺、空王寺。唐大中七年（853），由释元慧重建法空王寺。五代时，改称轮王寺。宋代大中祥符元年（1008），更名兜率院。《祖庭事苑》成书于 1108 年，《禅林僧宝传》成书于 1122 年，均在大中祥符元年后，故都称兜率院。

“一师”是志澄律师，这是文偃出家后侍奉的第一位老师。云门文偃跟随志澄律师出家的年龄，据《祖堂集》卷十一《云门和尚》载，文偃是“年十七，依空王寺澄律禅师下受业。年登癸卯，得具尸罗，习《四分》于南山，听三车于中道”④。他是十七岁时在志澄律师座下剃度为沙弥的，跟随志澄律师学习的主要内容，据雷岳《云门行录》记载是“赜穷《四分》旨”，契嵩《传法正宗记》中记载是“学经律论未几皆

---

① （元）徐硕：《至元嘉禾志》卷一四《仙梵》，《四库全书》第 491 册，第 119 页上。

② 同上书，第 75 页下—第 76 页上。

③ （宋）赞宁：《宋高僧传》（下），中华书局 1987 年标点本，第 589 页。

④ （南唐）静、筠二禅师编撰：《祖堂集》下册，中华书局 2007 年标点本，第 512 页。

通”①，普济《五灯会元》中说他“穷探律部”②。概言之，文偃禅师初入佛门为沙弥童行时，曾勤学经律论等佛典，尤其主要学习《四分律》。《四分律》凡六十卷，由姚秦佛陀耶舍和竺佛念在长安共同译出，原为印度佛教属上座部系统的法藏部所传之戒律，也称《昙无德律》或《四分律藏》。唐代道宣以《四分律》为宗旨，开创律宗，并从内容上将此律判为大乘律。唐中宗时明令禁用《十诵律》，《四分律》遂在南北各地盛行起来，成为中国佛教中最有影响力的佛教戒律。云门文偃在深入研习《四分律》多年后，于唐僖宗中和三年（883），在毗陵（今江苏常州）戒坛受具足戒，正式得度为僧人。这一年，文偃禅师二十岁。因为据《祖堂集》载，文偃禅师是“年登癸卯，得具尸罗”，其中所谓的癸卯年正是唐僖宗中和三年，而且按照佛门戒律，年未满二十者不得受大戒③，所以文偃禅师受具足戒当在他二十岁时。

这一过程也就是当时人们在出家时都会普遍经历的试经度僧之环节。所谓试经度僧，指的是唐代开始设立的有意出家之人必须通过考试才可以正式为僧尼的制度。初入佛门之人称为童行，在经过勤学佛典、精修佛道后，由师傅推举，然后通过国家的考试，才能正式披剃成为沙弥或比丘。这一国家性的考试制度被称为试经度僧。印度无此制度，此法始自唐中宗时代。据《释氏稽古略》卷三记载：“丙午神龙二年（706

---

① 《传法正宗记》卷八，《大正藏》第51册，第757页中。

② （宋）普济：《五灯会元》（下），中华书局1984年标点本，第922页。

③ 据《四分律》中记载：世尊告阿难：“不应授年未满二十者大戒。何以故？若年未满二十者，不堪忍寒、热、饥渴、暴风、蚊虻、毒虫，及不忍恶言。若身有种种苦痛不能堪忍，又复不堪持戒，不堪一食。阿难当知，年满二十者，堪忍如上众事。”尔时世尊夜过已集比丘僧，以此因缘告诸比丘：“自今已去与比丘结戒，集十句义乃至正法久住，欲说戒者当如是说：若比丘年满二十当受大戒，若年未满二十受大戒，此人不得戒，彼比丘可呵责痴故波逸提。”如是世尊与比丘结戒。（《四分律》卷一七，《大正藏》第22册，第679页下—第680页上。）

年，引者注）……八月诏天下试童行经义。挑通无滞者度之为僧。试经度僧从此而始。”① 《佛祖统纪》卷五十一中也记载：“唐中宗景龙初(707年，引者注)，诏天下试经度僧。山阴灵隐僧童大义，诵《法华》试中第一。肃宗敕白衣诵经五百纸，赐明经出身为僧，时僧标试中第一。代宗敕童行策试经律论三科，给牒放度。敬宗敕僧背经百五十纸，尼百纸，许剃度。宣宗敕每岁度僧，依戒定慧三学，择有道性通法门者。”② 文偃试经得度为僧后，仍归空王寺侍志澄禅师数年，继续精研《四分律》，并研学经律论三藏，博通大小乘佛学。这段经历对文偃的影响是很深的，他在灵树开堂的说法中，就多处流露其在童行时期所受的影响。如据《云门广录》记载，云门文偃禅师曾经问一个僧人：“三乘十二分教，什么人承当得?”僧无语，云门禅师遂代他下语，说是“沙弥童行”③。

受试经度僧制度的限制，唐宋时期的僧人出家童行时期的学习内容基本上是相同的。如文偃出家后精修律藏的经历与德山宣鉴禅师早年出家后穷探律藏的经历非常一致。德山宣鉴精修律藏的经历在《宋高僧传·唐朗州德山院宣鉴传》中有如下记载：

> 释宣鉴，姓周氏，剑南人也。生恶荤膻，少多英敏，宿赍异操，恳愿出尘。大龙不屈于小庭，俊鹗必腾其层汉，既除美饰，当预僧流。从受近圆，即穷律藏，其诸性相，贯习偕通。④

① 《释氏稽古略》卷三，《大正藏》第49册，第822页下。
② 《佛祖统纪》卷五一，《大正藏》第49册，第452页下。
③ （宋）赜藏主编集：《古尊宿语录》（上），中华书局1994年标点本，第304页。
④ （宋）赞宁：《宋高僧传》（上），中华书局1987年标点本，第275页。

至于禅师们出律藏而探禅门的缘由，云门文偃与德山宣鉴则各有机缘。德山宣鉴本是因闻南方盛行参禅而心不平，发誓要“灭其种类以报佛恩”，在南行的路上得到了一个卖饼老太太的点拨，遂投龙潭而悟道参禅。这一颇富传奇色彩的经历在《五灯会元》中是这么记载的：

> 后闻南方禅席颇盛，师气不平，乃曰：“出家儿千劫学佛威仪，万劫学佛细行，不得成佛。南方魔子敢言直指人心，见性成佛，我当搂其窟穴，灭其种类，以报佛恩。”遂担《青龙疏钞》出蜀，至澧阳路上，见一婆子卖饼，因息肩买饼点心。婆指担曰：“这个是甚么文字？”师曰：“青龙疏钞。”婆曰：“讲何经？”师曰：“《金刚经》。”婆曰：“我有一问，你若答得，施与点心。若答不得，且别处去。《金刚经》道：‘过去心不可得，现在心不可得，未来心不可得。’未审上座点那个心？”师无语，遂往龙潭。至法堂曰：“久向龙潭，及乎到来，潭又不见，龙又不现。”潭引身曰：“子亲到龙潭。”师无语，遂栖止焉。①

云门文偃虽然没有与之相类的传奇经历，但文偃的理由更为根本：怎样才能找到真正的解脱之道？穷探律藏的学佛经历，并未给文偃打开一扇通向解脱的光明大门。之所以不能，就在于戒律之对学佛者心灵的束缚，正如南朝齐梁时期的志公和尚在《十四科颂》中所提出的：“律师持律自缚，自缚亦能缚他。外作威仪恬静，心内恰似洪波。不驾生死

---

① （宋）普济：《五灯会元》（中），中华书局1984年标点本，第371—372页。

船筏，如何度得爱河。不解真宗正理，邪见言辞繁多。”① 如果不能实现真正的觉悟，即使再怎么重视通过戒律来约束自己，自己的内心也得不到究竟解脱。正是因为如此，云门文偃才深感自己出家多年精修律藏，到最后却仍然“己事未明”，遂辞别志澄律师，外出游方参学。

三　参睦州陈尊宿得入处

佛教以为生死事大。所谓“己事”，在禅宗语境中就是指生死解脱之大事。己事未明，指的就是还未实现将自己生命从生死轮回的痛苦中解脱出来。云门文偃通过实修经律论的实践，发现自己在佛经典籍中找不到实现彻底解脱的真正般若智慧，于是由律师进而转型为禅师。大珠慧海禅师在比较律师、法师与禅师之殊胜时说：

> 夫律师者，启毗尼之法藏，传寿命之遗风。洞持犯而达开遮，秉威仪而行轨范。牒三番羯磨，作四果初因。若非宿德白眉，焉敢造次？夫法师者，踞狮子之座，泻悬河之辩。对稠人广众，启凿玄关。开般若妙门，等三轮空施。若非龙象蹴蹋，安敢当斯？夫禅师者，撮其枢要，直了心源。出没卷舒，纵横应物。咸均事理，顿见如来。拔生死深根，获见前三昧。若不安禅静虑，到遮里总须茫然。②

---

① （宋）道元辑：《景德传灯录》（下），海南出版社2011年点校本，第1033页。

② 同上书，第996页。

禅师以“拔生死深根，获见前三昧”为追求，因生死未了，所以常常游方各地参访尊宿善知识，不惜“芒鞋踏破岭头云”，只为直了心源，一朝顿悟。正如宋代禅僧梵天彦琪在注解《永嘉证道歌》中所说的“游江海，涉山川，寻师访道为参禅”一句时说：

> 所游江海，涉历山川，途路疲劳，奔驰南北，非为别事，乃为参寻知识决择死生，所谓无常迅速生死事大。古投子云：一切世人向紧急处却闲慢，闲慢处却紧急。若欲出离生死，须遇善知识为增上缘，发明己事，实非小缘也。所谓青山长在知识难逢，故曰寻师访道为参禅也。①

文偃禅师终于也走上了寻师访道为参禅的路子。文偃参学的第一站是在浙江禅林中很有影响力的睦州陈尊宿。

陈尊宿是六祖下南岳系的禅师，其法脉为六祖慧能—南岳怀让—马祖道一—百丈怀海—黄檗希运—陈尊宿。据雷岳《云门行录》中载，知陈尊宿的法名为道踪：“踪，黄檗之裔也，知道不偶世，引己自处，潜居古伽蓝。虽揖世高蹈，而为世所慕。凡应接来者，机辩峭捷，无容伫思。”② 后世禅书中有将道踪作道明记载的，如《佛祖纲目》卷三十三中就说文偃“往参道明”，或许是将其事迹与同为陈朝后裔的六祖门人、陈宣帝之孙蒙山道明相混，当误。③

---

① 《证道歌注》，《卍新纂续藏经》第63册，第267页上。

② （宋）赜藏主编集：《古尊宿语录》（上），中华书局1994年标点本，第347页。

③ 徐文明：《睦州陈尊宿的事迹与禅法》，《佛学研究》2013年总第22期。

陈尊宿生于唐德宗贞元十六年（800）①，是南朝陈氏之后，据说出生时红光满室，祥云盖空，经旬日方才散去。他目有重瞳，面列七星，形象奇特，秀出人表，而且生有慧根，往开元寺礼佛时，见僧如见故知，因而出家求道。游方契旨于黄檗希运禅师。黄檗希运禅师是百丈怀海的弟子，马祖道一的再传弟子，所以陈尊宿继承了洪州禅的思想。之后住睦州观音院，跟随他的弟子常常保持百余人的规模。因为他的思想为诸方僧人所归慕，故咸以尊宿称之。所谓“尊宿”，佛经中解释说“德高曰尊，耆年曰宿”②，指的是上了年纪而有名望的高僧。陈尊宿在观音院住了数十年，后重返开元寺。曾经靠编织蒲鞋以赡养老母，故有“陈蒲鞋”之号。陈尊宿经历过黄巢农民起义，故其生平最传奇者，则莫过于下面这件事。据《五灯会元》记载：

> 巢寇入境，师标大草屦于城门，巢欲弃之，竭力不能举。叹曰：“睦州有大圣人。”舍城而去，遂免扰攘。③

陈尊宿在禅宗史上具有重要地位，与其对云门宗和临济宗的开山祖师云门文偃和临济义玄的启发着力甚巨有很大关系。《联灯会要》称其：“指临济参黄檗，接云门嗣雪峰，皆师之力也。”④ 而宋代自号“无为子”的杨杰也曾赞陈尊宿说：“丛林处处蒙沾润，莫测风雷起老龙。”⑤

① 徐文明：《睦州陈尊宿的事迹与禅法》，《佛学研究》2013年总第22期。
② 《观经序分义》卷二，《大正藏》第37册，第253页上。
③ （宋）普济：《五灯会元》（上），中华书局1984年标点本，第230页。
④ （宋）悟明集：《联灯会要》（上），海南出版社2010年点校本，第255页。
⑤ 《四明尊者教行录》卷七，《大正藏》第46册，第933页下。

陈尊宿指引临济参黄檗的事迹，据《保宁仁勇禅师语录》卷一记载：

临济在黄檗会中时，睦州为首座。知济是法器，乃令上方丈，问佛法大意，三问三被打。

州见云："子去问佛法，如何？"济遂举前话云："某缘法不在此，不免取辞，且往他处去。"州上方丈，嘱檗云："义玄上座虽是后生，甚奇怪，他日为阴凉大树，盖覆天下人去在。若来，可方便。"至晚，济上取辞，檗云："可往高安大愚处去。"济去，愚问："甚处来。"济云："黄檗来。"愚云："黄檗近日有何言句？"济举前话云："未审某甲过在什处？"愚云："黄檗恁么老婆，为你得彻困，却来这里问有过无过！"济失声云："元来黄檗佛法无多子。"愚拦胸搊住云："者尿床鬼子。适来问有过无过，如今却道无多子。见何道理？速道速道！"济于愚胁下筑三拳。愚托开云："汝师黄檗，非干我事。"①

我们知道，"禅僧的修行并非仅此坐禅就算了事，更多的场合则是以问答为契机，得到一种方法，从而开始有了最终目的的实现"②。禅师接引学人的方式是不拘一格的，有多种形式，除了流行的棒喝机锋、扬眉瞬目之外，禅师堪辨学者的方式方法往往随机设化，方便接人，各有不同。这些不同的堪辨学人的方法都起了同样的作用：为学人悟道提供

① 《保宁仁勇禅师语录》卷一，《卍新纂续藏经》第69册，第293页上中。

② ［日］小川隆：《语录的思想史——解析中国禅》，何燕生译，复旦大学出版社2015年版，前言第1页。

了“时节因缘”。例如沩山灵祐在百丈怀海处参禅时，一日百丈借拨炉中炭火进行启发：

> 此乃暂时歧路耳。经云：欲识佛性义，当观时节因缘。时节既至，如迷忽悟，如忘忽忆。方省己物不从他得。故祖师云：悟了同未悟，无心亦无法。只是无虚妄。凡圣等心，本来心法元自备足。汝今既尔，善自护持。①

对于文偃禅师而言，他真正悟道的“时节因缘”在陈尊宿处，这是《云门行录》《游方遗录》等文献中明确记载的。关于文偃禅师参学于陈尊宿的时间，据冯学成《云门宗史话》中推测，认为应该是在文偃禅师受具足戒的五年之后。冯学成的理由是：“依佛教律仪，比丘在五夏以前，应专精戒律，五夏以后，方许听教参禅。志澄是律师，必然谨遵律仪，所以云门大师在空王寺最少修律五年。五年后，因其‘毗尼严净，悟器渊发’，在求悟证道热情的激励下，自然会如唐末众多比丘一样，外出行脚参禅，当时禅德最高、路途又就近的当然是睦州陈尊宿了。”②按文偃禅师受具足戒是在唐僖宗中和三年（883），那么五年后，是唐僖宗文德元年（888），大约也就是在这一年，文偃禅师开始参访陈尊宿。

而关于文偃禅师参学于陈尊宿进而悟入禅门的机缘，则有两种不同的观点：

---

① 《潭州沩山灵祐禅师语录》，《大正藏》第47册，第577页上。

② 冯学成：《云门宗史话》，南方日报出版社2008年版，第19页。此外，徐文明在《睦州陈尊宿的事迹与禅法》（《佛学研究》2013年总第22期）一文中，认为云门文偃参陈尊宿的时间是乾宁二年（895）。

一种观点是云门禅师在陈尊宿“秦时轅轹钻”一言下而开悟的，如《云门行录》中载：“师初往参，三扣其户，踪才启关。师拟入，踪托之云：‘秦时轅轹钻。’因是释然朗悟。”① 何谓“秦时轅轹钻”？杨曾文先生解释说：“‘轅轹’，意为回转，据说秦始皇在修阿房宫时曾使用一种可以借助车力旋转的大钻，叫‘轅轹钻’。在这里大概是借喻为过时的无用之物或无用之人。”② 那么，为什么文偃禅师能于此言下大悟？慧洪曾以《大乘起信论》中的思想来解释文偃禅师的言下开悟。据慧洪《智证传》记载：

《起信论》曰：“当知一切法不可说，不可念故，名为真如。问曰：‘若如是义者，诸众生等，云何随顺而能得入?’答曰：‘若知一切法，虽说无有能说可说，虽念亦无能念可念，是名随顺。若离于念，名为得入。’”

《传》曰：“以方便观，其说并念，皆无能所，谓之随顺。而观行深久，妄念自离，则契彼无念真理，谓之得入。夫言若离于念，名为得入。而论者曰方便观法久自离念者，为钝根说也。据佛祖本意，即不如是。予闻云门偃禅师初扣陈尊宿之门，尊宿开门，把住曰：‘道！道！速道！速道！’偃拟议，尊宿托开曰：‘秦时轅轹钻。’云门于是大悟于言下，如云门可名得入也。”③

① （宋）赜藏主编集：《古尊宿语录》（上），中华书局1994年标点本，第347页。
② 杨曾文：《唐五代禅宗史》，中国社会科学出版社1995年版，第426页。
③ 《智证传》，《卍新纂续藏经》第63册，第184页中。

陈尊宿接引学人具有“机辩峭捷，无容伫思”特点，是不会给学人时间让他拟议思考的，因为悟道之机当下即是，也是稍纵即逝的，哪里有时间让你停下来充分思考呢？所以当你想拟议自己关于禅法真谛之理解的时候，就不免陷入了以思维逻辑分析禅法真谛的错误之中，其实也就已经离它十万八千里远了。

另一种观点是陈尊宿说完“秦时轆轹钻”后，关门伤了云门文偃一足，文偃害疼因而开悟的。如《五灯会元》卷十五是这样记载的：

> 以己事未明，往参睦州。州才见来，便闭却门。师乃扣门。州曰：“谁？”师曰：“某甲。”州曰：“作甚么？”师曰：“己事未明，乞师指示。”州开门一见便闭却。师如是连三日扣门，至第三日，州开门，师乃拶入，州便擒住曰：“道！道!”师拟议，州便推出曰：“秦时轆轹钻。”遂掩门，损师一足。师从此悟入。[①]

对于慕名访道的来僧，陈尊宿接引学人的方法是闭门。闭门对于陈尊宿而言是经常性的重复活动，如《指月录》中说“师寻常见衲僧来，即闭门”[②]。但对于云门文偃而言，却是新鲜的和极具冲击力的，使得文偃顿悟经律论等教法之外还有直指人心的别传一路，这种冲击力也使得文偃在损足疼痛的当下境遇中悟入禅机。这样一种顿悟的经历，对于云门文偃而言当是印象深刻，毕生难忘。圆悟克勤的《碧岩录》第六则在记载了云门禅师伤脚之后忍痛作声，忽然大悟的经历之后，指出云门文

① （宋）普济：《五灯会元》（下），中华书局1984年标点本，第922页。

② 《指月录》卷一三《陈睦州尊宿》，《卍新纂续藏经》第83册，第540页上。

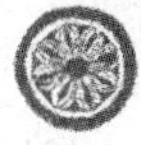

偃禅师“后来语脉接人，一摸脱出睦州”①。也就是说云门宗风的形成与陈尊宿对文偃的影响有很大关系。引云门入道的陈尊宿，其禅风就有“峻险”之特色。据《五灯会元》记载，陈尊宿“游方契旨于黄檗，后为四众请住观音院，常百余众，经数十载，学者叩激，随问遽答。词语峻险，既非循辙，故浅机之流，往往嗤之，唯玄学性敏者钦伏”②。云门宗禅风险峻，非上机之人难以凑泊之特征的形成，与陈尊宿对文偃禅师的影响不无关系。

云门文偃在陈尊宿这里开悟后，陈尊宿令其居门人陈操之宅。陈操为睦州刺史，曾官至尚书，禅宗典籍中往往称为“睦州刺史陈操尚书”。陈操参睦州陈尊宿，一日，陈尊宿看《金刚经》，陈操便问：“六朝翻译，此当第几译?”陈尊宿举起经说：“一切有为法，如梦幻泡影。”因而悟旨，遂嗣法焉。③ 后曾官江州，云门文偃禅师行脚游方时，还曾到江州见过他。在睦州时，陈操宅距离开元寺并不远，文偃禅师还是可以经常向陈尊宿请益的。文偃在这里一住就是三年。大约是在唐昭宗景福元年（892），陈尊宿自知大限将至，再也没有时间来教化文偃了，知其为禅门法器，便命其往参雪峰义存。雷岳《实性碑》中记载：

> 又经数载，禅师以心机秘密，关锁弥坚，知师终为法海要津，定作禅天朗月，因语师云：“吾非汝师，莫住。”师遂入闽，才登象骨，直奋鹏程。④

① 雪窦重显法师、圜悟克勤法师：《碧岩录》，东方出版社2013年版，第43页。

② （宋）普济：《五灯会元》（上），中华书局1984年标点本，第229—230页。

③ 《居士传》卷一八《陈操》，《卍新纂续藏经》第88册，第215页中。

④ 岑学吕编，仇江整理：《云门山志》，上海古籍出版社2014年版，第173页。

文偃禅师依陈尊宿师命，入岭参雪峰。不久陈尊宿便示化，舍利如雨。

四　参福州雪峰义存而开悟

雪峰义存禅师是青原一系的禅师，其法脉渊源为六祖慧能—青原行思—石头希迁—天皇道悟—龙潭崇信—德山宣鉴—雪峰义存。雪峰义存俗姓曾，长庆二年（822）生于泉州南安。其家自祖父以来皆“友僧亲佛，清静谨愿”。据说义存生而就不喜荤血，尚在乳抱之中时，一旦听到钟磬之声或者见到僧像，必定为之动容，因而特别受到全家人的钟爱。十二岁那年，跟随父亲游莆田玉润寺，当时寺院中有一位持行高洁的庆玄律师，义存一见就礼拜为师，从此留住玉润寺充当童侍。年十七岁时，义存落发出家，然后参谒福州芙蓉山恒照大师，受恒照器重，遂止其所。他曾多方参学，“北游吴、楚、梁、宋、燕、秦，受具足戒于幽州宝刹寺讫，巡名山，扣诸禅宗，突兀飘飖，云翔鸟逝。爰及武陵，一面德山，止于珍重而出”①。据说义存参学德山宣鉴禅师的时间大约是在咸通初年（860），这年义存已经将近四十岁了。②

义存禅师实现觉悟的因缘合在德山处，但其彻了心疑则是直接受岩头全奯的点拨，这就是禅宗史上著名的“鳌山成道”公案。据《五灯会元》记载：

---

① （宋）赞宁：《宋高僧传》（上），中华书局1987年标点本，第286页。

② 蔡日新：《五家禅源流》，甘肃民族出版社2009年版，第414页。

初与岩头至澧州鳌山镇阻雪，头每日只是打睡。师一向坐禅，一日唤曰："师兄！师兄！且起来。"头曰："作甚么？"师曰："今生不着便，共文邃个汉行脚，到处被他带累。今日到此，又只管打睡？"头喝曰："噇！眠去。每日床上坐，恰似七村里土地，他时后日魔魅人家男女去在。"师自点胸曰："我这里未稳在，不敢自谩。"头曰："我将谓你他日向孤峰顶上盘结草庵，播扬大教，犹作这个语话？"师曰："我实未稳在。"头曰："你若实如此，据你见处一一通来。是处与你证明，不是处与你划却。"师曰："我初到盐官，见上堂举色空义，得个入处。"头曰："此去三十年，初忌举著。"又见洞山过水偈曰："切忌从他觅，迢迢与我疏。渠今正是我，我今不是渠。"头曰："若与么，自救也未彻在。"师又曰："后问德山：'从上宗乘中事，学人还有分也无？'德山打一棒曰：'道甚么！'我当时如桶底脱相似。"头喝曰："你不闻道，从门入者不是家珍。"师曰："他后如何即是？"头曰："他后若欲播扬大教，一一从自己胸襟流出，将来与我盖天盖地去。"师于言下大悟，便作礼起。连声叫曰："师兄，今日始是鳌山成道！"①

雪峰义存彻悟禅法后，于唐咸通六年（865）回归福建芙蓉山。有与义存同学名行实者，对义存说："我之道魏魏乎，法门围绕之所，不可造次，其地宜若布金之形胜可矣。府之西二百里有山焉，环控四邑，峭拔万仞，嶒崒以支圆碧，培楼以觇群青。怪石古松，栖蛰龟鹤；灵湫

① （宋）普济：《五灯会元》（中），中华书局1984年标点本，第379—380页。

邃壑，隐见龙雷。山之巅，先冬而雪，盛夏而寒。其树皆别垂藤萝，苹茸而以为之衣，交错而不呈其形。奇姿异景，不可殚状，虽霍童、武夷，无以加之。实闽越之神秀，而古仙之未攸居，诚有待于我也。祈以偕行去。”① 以此山“冬雪夏寒”，遂命名为“雪峰”。义存创广福院传法，一时徒众翕然，身边常随弟子达一千七百多人。闽帅王审知极为崇敬雪峰禅师，在他的护持下，雪峰禅法在闽中曾盛极一时。五代后梁开平二年（908），雪峰义存禅师圆寂，春秋八十七岁，赐号真觉禅师，有《雪峰真觉禅师语录》行世。

唐昭宗景福元年，即公元 892 年左右，雪峰义存禅师正在福州雪峰山传道讲法，大兴禅风。这一年，云门文偃在陈尊宿的指引下，入福建来参雪峰义存禅师。事实上，文偃在参陈尊宿的时候已经得悟，那么，陈尊宿为什么还要指示文偃去参雪峰呢？这个问题，明末临济宗禅师戒显也曾提问过。他说：“云门于推折足下，廓然大悟矣。睦州何故又指见雪峰，温研积稔授以宗印乎？既一悟为是矣，温研者何事？密授者何法乎？”而戒显自已的解释是：

> 是故学家根本已明，当依止师承温研密稔，务彻古人堂奥。师家见学人已透根本，更须以妙密钳锤深锥痛扎，务令透纲宗眼目，庶不至彼此承虚接响，而正法眼藏，得永远而流传矣。②

就文偃而言，他在陈尊宿处已经透得根本，但明得根本后还必须透

① （宋）赞宁：《宋高僧传》（上），中华书局 1987 年标点本，第 287 页。

② 《禅门锻炼说》，《卍新纂续藏经》第 63 册，第 782 页上。

纲宗眼目，如此方能从体起用，也才能够接引学人不至于承虚接响，这是一个“依止师承温研密稔”进而尽彻古人堂奥的过程，这也会是一个很长的过程。按照陈尊宿的身体状况，却已经无法继续教导文偃禅师深入学习了，所以指示文偃去福州参雪峰。而就教理而言，此一过程也被禅宗学者理解为是得了根本智之后还须明得差别智的过程。戒显的老师三峰法藏在《五宗原》中指出：

得心于自，得法于师。师有人法之分，心有本别之异。根本智者，自悟彻头彻尾者是；差别智者，自悟之后，曲尽师法，以透无量法门者是。良以师必因人，人贵法妙，分宗别派，毫发不爽。故传法之源流，非独以人为源流也。①

在此基础上，戒显则进一步发挥说：

是则不可重学而弃参也。逮乎疑团破矣，根本明矣，涅槃心易晓，差别智难明，古人有言矣。即涅槃心中，有无穷微细；差别智内，有无限淆讹。诸祖机缘，如连环钩锁；五家宗旨，如卧内兵符。言意藏锋，金磨玉碾而不露；有无交结，蛛丝蚁迹而难通。此岂仅当阳廓落，止得一橛者，谓一了百了，一彻尽彻哉！温研积稔，全恃乎学也。②

① 《五宗原》，《卍新纂续藏经》第65册，第106页下。
② 《禅门锻炼说》，《卍新纂续藏经》第63册，第783页中。

在三峰法藏师徒看来，文偃禅师尽管在陈尊宿处已经明白己事，但还未能“曲尽师法”，从而参透无量法门，所以必须通过一个温研积稔的参学过程，在证体之后还能起用，在得根本智后还能明差别智，从而成为人天眼目，才能接引学人成道。

那么，文偃禅师在雪峰义存处温研积谂的参学情况如何呢？雷岳《云门行录》中是这样记载的：

师依旨入岭造雪峰，温研积稔，道与存契，遂密以宗印付之。由是回禀存焉。①

此外，在《实性碑》中，雷岳则简单勾勒了云门文偃初参雪峰时的机锋对答情况：

因造雪峰会，三礼欲施，雪峰乃云：“因何得到与么？”师不移丝发，重印全机，虽等截流，还同戴角。②

《五灯会元》卷十五文偃禅师本传中则详细地记载了云门文偃初参雪峰时的托人传语之因缘：

师到雪峰庄，见一僧乃问：“上座今日上山去那！”僧曰：“是。”师曰：“寄一则因缘，问堂头和尚，只是不得道是别人语。”

---

① （宋）赜藏主编集：《古尊宿语录》（上），中华书局1994年标点本，第347页。

② 岑学吕编，仇江整理：《云门山志》，上海古籍出版社2014年版，第173页。

僧曰："得。"师曰："上座到山中见和尚上堂，众才集便出，扼腕立地曰：'这老汉项上铁枷，何不脱却?'"其僧一依师教。雪峰见这僧与么道，便下座拦胸把住曰："速道！速道!"僧无对。峰拓开曰："不是汝语。"僧曰："是某甲语。"峰曰："侍者将绳棒来。"僧曰："不是某语，是庄上一浙中上座教某甲来道。"峰曰："大众去庄上迎取五百人善知识来。"师次日上雪峰，峰才见便曰："因甚么得到与么地!"师乃低头，从兹契合。温研积稔，密以宗印授焉。①

云门文偃在雪峰法会处待了多长时间？按照一般的观点，云门文偃在雪峰义存那里悟道后，只跟随雪峰参学短短的一年时间。而按照雷岳《行录》的记载是"温研积稔"，《实性碑》的记载是"昏旭参问，寒燠屡迁"，都是说云门文偃在得到了雪峰的印可后，还在雪峰处参学多年，《碧岩录》中就说云门"一住三年"②。在雪峰义存处，文偃禅师大约是从唐昭宗景福元年（892）一直待到唐昭宗乾宁二年（895），从而曲尽师法得无量法门分别智。《游方遗录》中就记载一则云门文偃在雪峰门下参学得到印可的公案：

师在雪峰时，有僧问雪峰："如何是触目不会道，运足焉知路?"峰云："苍天，苍天!"僧不明，遂问师："苍天意旨如何?"师云："三斤麻，一匹布。"僧云："不会。"师云："更奉三尺竹。"

① （宋）普济：《五灯会元》（下），中华书局1984年标点本，第922—923页。

② 雪窦重显法师、圜悟克勤法师：《碧岩录》，东方出版社2013年版，第43页。

后雪峰闻，喜云："我常疑个布衲。"①

应当说雪峰义存的禅法思想对文偃影响是非常大的，所以尽管他是在陈尊宿处得入处，但却继的是雪峰义存的法嗣。雪峰义存印可云门文偃后，将禅法宗印付给了文偃禅师，从此文偃禅师就有了开山传法的资格。据雷岳《实性碑》记载：

> 师于会里，密契玄机。因是出会，遍谒诸山尊宿，颇有言句，世所闻之。后雪峰迁化，学徒乃问峰"佛法付谁?"峰云："遇松偃处住。"学徒莫识其机，偃者，盖师名也。至今雪峰遗诫，不立尊宿。②

后来文偃禅师在住山时，每有弟子问"请师提纲宗门"时，他经常说："南有雪峰，北有赵州。"③ 并且在启发觉悟学人时，多举其师雪峰义存的公案来接引学人，仅就《室中语要》来看，一百八十五则中涉及雪峰义存的就占了十七则，近乎十分之一的比例。可见，他对雪峰义存禅师的推崇，将其与赵州和尚一并视为当时丛林中的巨擘大德，认为生在北方的可以依靠赵州而获得解脱，生在南方的则可以借由雪峰而获得解脱。

---

① （宋）赜藏主编集：《古尊宿语录》（上），中华书局1994年标点本，第339页。
② 岑学吕编，仇江整理：《云门山志》，上海古籍出版社2014年版，第173页。
③ （宋）赜藏主编集：《古尊宿语录》（上），中华书局1994年标点本，第269页。

第二章　文偃禅师的游方经历

在禅宗史上，云门文偃说法有“如云如雨”之美誉。作为云门宗的创宗禅师，文偃禅师禅法禅风的形成，除了自身的慧根天发外，还与他十几年“友以辅德”的参访经历密不可分。故而清人纪荫在编辑云门年历时称云门文偃“乃百炼精金铸成”。纪荫在《宗统编年》中说：

> 向见云门机用，以为英灵骏发，杰出之士也。今编年历，详检生平，知其早脱鞲于睦州，旋密证于雪峰，忘餐待问，立雪求知。出岭遍参诸方名宿，如疏山、卧龙、归宗、天童、鹅湖、乾峰等，无一不激扬勘辨。维时天下分崩，云迷雾塞，师乃不避险难，孤策遨翔。
>
> 今读其《遗表》“困风霜于十七年间，涉南北于数千里外，始见心猿罢跳，意马休驰”之语，为之神悚泪落，是知师乃百炼精金铸成，神锋四照，其光芒焰彩，有不望影心服者乎！宋苏澥序师之录，有曰：“擒纵舒卷，纵横变化。放开江海，鱼龙得游泳之方；

把断乾坤，鬼神无行走之路。草木亦当稽首，土石为之放光。本分钳锤，金声玉振，峥嵘世界，瓦解冰消，列派分宗，将错就错。”其知言哉！①

在坐化前所作的《遗表》中，文偃禅师曾自述这段经历对自己的重要作用：“其或忘餐待问，立雪求知，困风霜于十七年间，涉南北于数千里外，始见心猿罢跳，意马休驰。”② 在这个长达十七年的游方过程中，云门文偃也将自己真正锻炼为禅宗的人天眼目。

一 云门文偃的游方路线与参学尊宿

《云门广录》中后人辑录的《游方遗录》，大略记载了云门文偃“困风霜于十七年间，涉南北于数千里外”的行脚路线和参学尊宿。有学者认为，这十七年的时间指的是文偃禅师在雪峰禅师处得法印后，到各地参访的岁月。而徐文明教授则认为，这十七年的行脚生涯指的是文偃于乾宁二年（895）三十二岁时开始游方，往师睦州，到乾化元年（911）辛未岁谒灵树知圣大师止。③

游方也称行脚，是为了永嘉真觉大师在《证道歌》中所说的“游江海，涉山川，寻师访道为参禅”④ 之目的，是出家人四处求访名师，跋涉山川，参访各地尊宿的一种修行方式。这样的出家人也被称为“行脚

① 《宗统编年》卷一七，《卍新纂续藏经》第86册，第189页下。
② （宋）赜藏主编集：《古尊宿语录》（上），中华书局1994年标点本，第344—345页。
③ 徐文明：《云门文偃参禅游方经历》，《中国文化》2013年第2期。
④ （宋）道元辑：《景德传灯录》（下），海南出版社2011年点校本，第1069页。

僧”或“云水僧”。关于“行脚”，《祖庭事苑》卷八中是这样解释的：

> 行脚者，谓远离乡曲，脚行天下，脱情捐累，寻访师友，求法证悟也。所以学无常师，遍历为尚。善财南求，常啼东请，盖先圣之求法也。永嘉所谓“游江海，涉山川，寻师访道为参禅”，岂不然邪！①

其实，说到底游方行脚的目的就是解脱生死。正如《诫初心学人文》所说：“大凡行脚须以此道为怀，不可受现成供养了等闲过日，须是将生死二字钉在额上，十二时中裂转面皮。讨个分晓始得。若只随群逐队打空过时，他时阎罗老子打算饭钱，莫道我与尔不说。”② 解脱生死为访道参禅的根本大事，未觉悟之人游方行脚求开悟，已开悟之人游方行脚为历练，总归不离生死解脱之根本目的。为了实现这一目的，游方行脚当然就应该参学那些能够接引学人脱离生死的真正禅师。《禅宗决疑集》中特别强调行脚僧需要具有“参方正眼”：“故古德云：‘学道之人不具法眼，须具参方眼。’又仲尼云：‘视其所以，观其所由，察其所安。’是以吾辈行脚，须具参方正眼耳。”③ 云门文偃禅师在开堂讲法时，经常对当时学僧行脚的现象发表评论，其中就特别强调行脚时需要具有“参方正眼”，他称之为“直须著些子眼睛”。他说：

---

① 《祖庭事苑》卷八，《卍新纂续藏经》第64册，第432页下。
② 《诫初心学人文》，《大正藏》第48册，第1005页上。
③ 《禅宗决疑集》，《大正藏》第48册，第1012页上。

> 兄弟，一等是蹋破草鞋行脚，抛却师长父母，直须著些子眼睛始得。若未有个入头处，遇著本色咬猪狗手脚，不惜性命，入泥入水相为。有可咬嚼，眨上眉毛，高挂钵囊，十年二十年办取，出头莫愁不成办。直是今生未得，来生亦不失却人身。向此门中亦乃省力。不虚辜负平生，亦不辜负施主、师长、父母。直须在意，莫空过时。①

正是在陈尊宿和雪峰义存处的参学，使得云门文偃已经明悟自心自性，所以他十七年的游方经历，其实是开悟后的依体起用之历练功夫。

按照雷岳在《云门行录》与《实性碑》中的记载，文偃禅师在离开雪峰诸方游学时，遍参诸山尊宿，颇有与这些尊宿机锋问答之言句闻世，文偃禅师"覆穷殊轨，锋辩险绝，世所盛闻"②。事实上，文偃禅师到各地尊宿之处的参访并不是单方面的学习过程，而是以开悟者的身份与这些禅门尊宿互相启发、共同砥砺的过程。这一共同砥砺而互相启发的过程，被禅宗称为"啐啄"。所谓"啐啄"，是比喻禅林师家与学人二者之机宜相应投合，学人请求禅师启发，譬之如啐；禅师启发学人，譬之如啄。所以《禅林宝训音义》这样解释"啐啄"："如鸡抱卵，小鸡欲出，以嘴吮声曰啐；母鸡忆出，以嘴啮之曰啄。作家机缘相投，见机而解，亦犹是矣。"③ 故禅林之间机缘相投，多以"啐啄"一词喻称之。如果修行者之间机锋相应投合，毫无间隙，就称为"啐啄同时"。据

① （宋）赜藏主编集：《古尊宿语录》（上），中华书局1994年标点本，第260页。

② 同上书，第347页。

③ 《禅林宝训音义》，《卍新纂续藏经》第64册，第465页下。

《碧岩录》第十六则《镜清啐啄机》中载：

> 镜清承嗣雪峰，与本仁、玄沙、疏山、太原孚辈同时。初见雪峰，得旨后，常以啐啄之机，开示后学，善能应机说法。示众云："大凡行脚人，须具啐啄同时眼，有啐啄同时用，方称衲僧。如母欲啄，而子不得不啐，子欲啐，而母不得不啄。"……所以啐啄之机，皆是古佛家风。①

这一"啐啄之机"的说法在文偃禅师这里往往也理解为"言中有响"。例如文偃禅师开山说法时，曾有弟子问："如何是啐啄之机？"文偃禅师云："响。"② 有人问："灵山一会，何似今日？"文偃禅师回答："言中有响。"③ 还有人问："如何是祖宗的子？"文偃禅师也说："言中有响。"④ 所谓言中有响，就是比喻禅师之间机锋互辩，有问有答，思想上能够互相启发。由此，云门文偃留有很多的禅机语句，通过这些禅师及其门下弟子的互相交流，很快就传遍了丛林。魏道儒先生曾指出："禅宗从中唐开始兴起'行脚参禅'之风，到唐末五代更为盛行，师徒之间或师友之间的机语酬对，成为参禅的一项主要内容。一位禅师'应机接物'时的酬对能力、启悟方法是否被接受，就成为决定禅师地位、声望的重要因素。"⑤

---

① 雪窦重显法师、圜悟克勤法师：《碧岩录》，东方出版社2013年版，第116—118页。

② （宋）赜藏主编集：《古尊宿语录》（上），中华书局1994年标点本，第255页。

③ 同上书，第262页。

④ 同上书，第270页。

⑤ 魏道儒：《宋代禅宗文化》，中州古籍出版社1993年版，第25页。

云门宗后人在辑录文偃禅师游方的经历时，可能就是根据其他禅师语录中所记录的云门文偃言语整理而成《游方遗录》。客观地说，短短三千余字的《游方遗录》并不足以完整地记录文偃禅师历经十七年、跋涉南北数千里的游方经历。所以我们也只能根据《游方遗录》中所记载的云门文偃参学诸方所接触的禅门人物来约略规划一幅云门文偃游方的行脚路线图和参学尊宿谱。《游方遗录》中所载云门文偃之游历，除参睦州陈尊宿、雪峰义存以及灵树知圣之外，其游方次序如下：

文偃行脚时，见一座主举天台国青寺雪峰擗钵盂公案。

文偃在浙中蕴和尚会里。

文偃到共相。

文偃在岭中，问卧龙和尚。卧龙和尚一说即玄沙师备禅师（835—908）。徐文明教授认为，《游方遗录》中所载的卧龙和尚是指玄沙，因为玄沙于光化二年（899）受王审知之请住持府中卧龙山安国院，又称北院，故号称卧龙和尚。[①] 或说即福州安国慧球禅师（？—913）。慧球禅师是福建泉州莆田人，为玄沙师备之法嗣。据《指月录》记载，慧球禅师于玄沙室中被誉为“参训居首”，因问：“如何是第一月？”玄沙答曰：“用汝个月作么？”慧球从此悟入。[②] 玄沙师备示寂后，继之住持福州卧龙山安国院，于五代后梁乾化三年（913）示寂。

文偃在岭中时，有僧问：“如何是法身向上事？”

文偃在雪峰时，与长庆西院商量。长庆即福州长庆慧棱禅师（854—932）。慧棱禅师是浙江杭州盐官人，俗姓孙，十三岁在苏州通玄

① 徐文明：《云门参禅游方经历》，《中国文化》2013 年第 2 期。

② 《指月录》卷二一《安国慧球禅师》，《卍新纂续藏经》第 83 册，第 631 页中。

寺出家，曾依止雪峰义存近三十年，为雪峰义存之法嗣。唐天祐三年(906)，住泉州昭庆院，后住福州长庆院，故称“长庆慧棱”，于后唐长兴三年（932）示寂。

文偃到洞岩。洞岩即越州洞岩可休禅师。洞岩禅师生卒年不详，为雪峰义存法嗣，住越州（今浙江绍兴）洞岩寺。

文偃到疏山。疏山即抚州疏山匡仁禅师，生卒年不详，吉州新淦（今江西新干）人，师事洞山良价禅师，承嗣其法，终住江西金溪疏山寺，弘扬曹洞宗风。

文偃到曹山。曹山即曹山本寂禅师（840—901)，俗姓黄，福建泉州莆田（今福建莆田）人，嗣洞山良价，后住江西临川曹山，为曹洞宗祖师。曹山于唐光化四年（901）圆寂，云门文偃参曹山不晚于是年。

文偃见瑫长老。瑫长老，生卒年未详，俗姓陈，讳弘韬，福建泉州仙游县人，为雪峰义存法嗣，后住福州安国院。

文偃到天童。天童即明州（今浙江宁波）天童山咸启禅师，嗣洞山良价，公元唐大中元年（847）住持天童寺。

文偃见信州鹅湖。信州（今江西上饶）鹅湖即鹅湖智孚禅师，福州人，嗣雪峰义存，后住信州鹅湖。

文偃行脚时，有官人问:“还有定乾坤底句么?”

文偃到江州，有陈尚书请师斋。此陈尚书即睦州陈尊宿门下陈操，云门文偃访睦州时，曾在其家中住了三年。游方到江州时，陈操在此为官，文偃禅师当会与老友见面。他乡遇故知，陈操还请云门斋饭。

文偃到归宗。归宗即庐山归宗澹权，为五代后晋僧，依云居道膺受法，住江西庐山归宗寺。其师云居道膺禅师（853—902）为洞山良价法嗣，属曹洞宗。

文偃到乾峰。乾峰即越州乾峰禅师，为洞山良价法嗣，属曹洞宗。

文偃到灌溪。灌溪即灌溪志闲禅师，魏府馆陶氏子，晚住灌溪（今湖南常德），为临济义玄的法嗣，属临济宗，唐乾宁二年（895）乙卯五月二十九日示寂。文偃参访灌溪的时间当不晚于895年。

文偃在岭中时，问一老宿，又见一老宿上堂云。

文偃在岭中顺维那处。

文偃闻洛浦勘僧，后于江西见其僧。

根据上述《游方遗录》的记载，文偃禅师行脚范围包括浙江、福建、江西、湖南等省。此外，《勘辨》中还记载文偃禅师曾在西京勘验于阗国僧的公案：

> 师在西京时，问僧："你是甚处人？"僧云："于阗国人。"师云："还到西天么？"僧云："到。"师拈起拄杖云："掣电之机不问你，还到这里么？"僧云："不会。"师呵呵大笑。代云："深领和尚降尊就卑。"又云："将谓此土无。"又云："勋。"①

历史上被称为"西京"的都城有好几处，如隋唐五代时多称长安为西京，北宋时往往称洛阳为西京，辽、金、元时则称山西大同为西京。就时间来看，《勘辨》中所记载的云门文偃曾游之西京更可能是长安。而且隋唐以来，长安是陆上丝绸之路的起点，西域各国的僧人来华往往定居在长安，文偃禅师在此勘辨于阗僧人的可能性更大。徐文明教授考

① （宋）赜藏主编集：《古尊宿语录》（上），中华书局1994年标点本，第324页

证认为，云门文偃离开鄂州后一路西行，可能经河南到达长安，其时应当是在天复三年（903）。文偃离开长安后，有可能在天祐元年（904）进入山西，游礼五台、赵州。[①]

文偃禅师横跨南北数千里的广泛游历，会使他接触到不同的僧团宗派，既包括曹山本寂、疏山匡仁、庐山归宗、越州乾峰、天童咸启这样的曹洞宗僧人，也包括灌溪志闲及其门下这样的临济宗僧人，以及卧龙和尚、长庆慧棱、越州洞岩可休、安国瑫长老、信州鹅湖智孚等属于福建雪峰僧团的禅师，既认识了“新朋友”，又重逢了“老朋友”。这些禅师有的如灌溪志闲出自马祖道一法系，大多数则属于石头希迁法系中的德山—雪峰法系和洞山—曹山法系。《宋高僧传》中说雪峰义存门下：

> 其庶几者，一曰师备，拥徒于玄沙今安国也；次曰可休，拥徒于越州洞岩；次曰智孚，拥徒于信州鹅湖；其四曰惠稜（即慧棱，引者注），拥徒于泉州招庆；其五曰神晏，住福州之鼓山分灯化物。[②]

就雪峰僧团而言，文偃禅师所参学访问之禅师皆为雪峰门下佼佼者。通过文偃的参访游历，一方面，可管窥福建雪峰僧团在当时的兴盛局面；另一方面，亦可以看出云门文偃与福建割舍不断的亲密因缘。

可以说，这样的游历使得文偃禅师接触到了不同禅家接引学人向禅的风格样法，对云门宗风的形成起了很大的作用。文偃禅师后来住云门

① 徐文明：《云门文偃参禅游方经历》，《中国文化》第38期。
② （宋）赞宁：《宋高僧传》（上），中华书局1987年标点本，第288页。

山时，在讲法勘僧之际，就经常举他游学时与这些禅门尊宿所参的话头，作为公案接引学人。

二　云门文偃的参访问题与参禅锻炼

禅师行脚游学，“芒鞋踏破岭头春”的目的之一在于参禅锻炼。那么文偃禅师在长达十七年的参访过程中，与所参访的禅师探讨了什么问题？发生了怎样的参禅公案？《游方遗录》中虽未能记载云门文偃全部经历参禅的详细语录，但就其所载文偃与诸方尊宿的几则语录来看，文偃与他所参访的禅师主要讨论了“法身边事”与“法身向上事”。如《游方遗录》中记载：

> 师在岭中时，有僧问：“如何是法身向上事？”师云：“向上与你道即不难，汝唤什么作法身。”僧云：“请和尚鉴。”师云：“鉴即且置，作么生说法身。”僧云：“与么与么。”师云：“此是长连床上学得底。我且问你，法身还解吃饭么？”僧无语。
>
> ……
>
> 又因疏山示众云：“老僧咸通年已前会得法身边事，咸通年已后会得法身向上事。”师问：“承闻和尚，咸通年已前会得法身边事，咸通年已后会得法身向上事。是不？”山云：“是。”师云：“如何是法身边事？”山云：“枯椿。”师云：“如何是法身向上事？”山云：“非枯椿。”师云：“还许学人说道理也无？”山云：“许你说。”师云：“枯椿岂不是明法身边事，非枯椿岂不是明法身向上事。”山

云："是。"师云："法身还该一切不?"山云："作么生不该?"师指净瓶云："法身还该这个么?"山云："阇梨莫向净瓶边会。"师便礼拜。

……

师因乾峰上堂云："法身有三种病，二种光。须是一一透得，更须知有照用临时，向上一窍在。"峰乃良久。师便出问："庵内人为什么不见庵外事?"峰呵呵大笑。师云："犹是学人疑处在。"峰云："子是什么心行?"师云："也要和尚相委。"峰云："直须与么，始解稳坐地?"师应喏喏。①

这是《游方遗录》中所载直接讨论"法身边事"与"法身向上事"的语录，而其他语录也与此有直接关联。禅宗把法身解释为一切众生皆有的本心，所谓"法身边事"，就是指证得自己本有的本心本性，这是明理得体之修行；禅宗则进一步强调，修行不能仅止步于此，还须透过理功，在事上圆融无碍，通过对真如心体所发的大机大用做到随缘任运，无修而修，按照自心显用、平常心即道的思想，在日常生活行事中随时体悟禅的境界，这叫作"法身向上事"。就思维方式来看，"法身边事"与"法身向上事"的讨论背后依据的是从体起用、依用归体的体用不二之思维。这一思维方式对后来中国哲学的发展产生了根本性的影响，如宋明理学的兴起，其思想背后就与宋明儒者用体用思维去重新思考宇宙人生根本问题有很大联系。明末清初的李颙甚至把这看作是佛教对中国哲学最大的影响。他说：

① （宋）赜藏主编集：《古尊宿语录》（上），中华书局 1994 年标点本，第 340—343 页。

顷偶话及“体用”二字，正以见异说入人之深。虽以吾儒贤者，亦习见习闻，闻亦借以立论解书，如“体用一源”、“费隐”训注，一唱百和，浸假成习，非援儒入墨也。《系辞》暨《礼记》“礼者，体也”等语，言“体”言“用”者固多，然皆就事言事，拈体或不及用，语用则遗夫体，初夫尝兼举并称。如内外、本末、形影之不相离，有之实自佛书始。西来佛书，岂止《四十二章经》《金光明经》未尝有此二字，即《楞严》《楞伽》《圆觉》《金刚》《法华》《般若》《孔雀》《华严》《涅槃》《遗教》《维摩诘》等经，亦何尝有此二字。然西来佛书，虽无此二字，而中国佛书，卢慧能实始标此二字。慧能，禅林之所谓六祖也，其解《金刚经》，以为“金者，性之体；刚者，性之用”。又见于所说《法宝坛经》，敷衍阐扬，淳恳详备。既而临济、曹洞、法眼、云门、沩仰诸宗，咸祖其说；流播既广，士君子亦往往引作谈柄。久之，遂成定本。①

事实上，“法身边事”与“法身向上事”的讨论，根本上则涉及禅师是按照“如来禅”还是“祖师禅”来进行修行实现解脱这一终极问题。如天台寂震在《金刚三昧经通宗记》卷八中就说：

宗门有如来禅、祖师禅之分：如来禅，是明法身边事，即证此一心真如之体，谓之法身死水，解脱深坑，不能任运发大机用故。

① （清）李颙：《二曲集》卷一六《答顾宁人先生》，中华书局1996年版，第149页。

忽若被人问着，便眼目定动，开口不得，此只是缘觉境界，何能为人说法？若祖师禅者，如世尊才拈起华，迦叶便破颜微笑，时四十九年说不到底，一时吐露在面前了也，后人称之为祖师禅。此直明法身向上事，所谓目前活泼泼，转辘辘，物物头头，无有不是显发如来正法眼藏处。不见庞居士有云："神通及妙用，运水及搬柴。"间有私议之曰："岂有如来禅，反不及祖师禅耶？"彼惟执如来为佛之嘉号，尚未知如来二字之义。①

在上述讲法中，寂震首先指出宗门内有"如来禅"与"祖师禅"的区分。佛教史上有教、宗之别，所谓"宗门"往往特指禅宗，如有学者就指出："本宗谓达摩西来，单传心印，开示迷途，不立文字，直指人心，见性成佛，故称三藏经典以及依据经典以立宗者曰教。不立文字，教外别传者曰禅，亦曰宗，此教禅之别也。凡言宗门宗下之宗，皆指禅宗言。"② 禅宗以"禅"命名，为了与其他各家的禅法相区别，而把达摩以来强调心性本净的禅法称为如来禅。宗密在《禅源诸诠集都序》中按照深浅阶级层次，将禅分为外道禅、凡夫禅、小乘禅、大乘禅和最上乘如来禅，他说："若顿悟自心本来清净，元无烦恼，无漏智性本自俱足，此心此佛，毕竟无异，依此而修者，是最上乘禅。亦明如来清净禅，亦名一行三昧，亦名真如三昧，此时一切三昧根本。如能念修习，自然渐得百千三昧。达摩门下展转相传者，是此禅也。"③

① 《金刚三昧经通宗记》卷八，《卍新纂续藏经》第35册，第301页下。

② 黄士复：《佛教概论》，台湾商务印书馆1978年版，第94页。

③ 《禅源诸诠集都序》，《大正藏》第48册，第399页中。

到沩仰宗的仰山慧寂（841—890）时，则明确提出了与如来禅相区别的祖师禅的说法。据《景德传灯录》卷十一《袁州仰山慧寂禅师》记载：

> 师（即仰山，引者注）问香严："师弟近日见处如何?"严曰："某家卒说不得。"乃有偈曰："去年贫未是贫，今年贫始是贫。去年无卓锥之地，今年锥也无。"师曰："汝只得如来禅，未得祖师禅。"①

在这次勘辨中，仰山慧寂禅师评价香严智闲禅师只得如来禅，还未得到祖师禅。因为在仰山看来，香严说他自己对贫的认识，在经历了从去年到今年的时间上的发展后，实现了由无立锥之地到无锥的观念变化，这是一种渐修渐悟的禅修过程，所以仰山将其贬斥为如来禅。后来仰山复勘香严，香严复有颂曰："我有一机，瞬目视伊。若人不会，别唤沙弥。"仰乃报沩山曰："且喜闲师弟会祖师禅也。"② 从这对师兄弟的两次对话内容中可以看出，显然在仰山看来，祖师禅是比如来禅境界层次更高的禅法。

在仰山这里，是把如来禅看作是强调经教言说和主张渐修渐悟的禅法而加以贬斥的，而把祖师禅视为主张不立文字，斩断一切情识心念思虑活动，直指人心而强调当下顿悟、见性成佛的"教外别传"而加以褒扬。石霜楚圆禅师曾进一步阐发祖师禅的长处。他说："且道祖师禅有

---

① （宋）道元辑：《景德传灯录》（上），海南出版社2011年点校本，第277—278页。
② （宋）普济：《五灯会元》（中），中华书局1984年标点本，第537页。

什么长处？若向言中取则，误赚后人，直饶棒下承当，辜负先圣。万法本闲，唯人自闹。”[①] 也就是说，离开语言文字而依靠自心自悟，当下即是而一切现成，这是祖师禅高明于如来禅的优处所在。

自此后祖师禅取代如来禅，成为慧能南宗门下最上乘禅法。正如方立天先生指出的：“一部禅宗史昭示人们：沩仰宗的问世，标志着祖师禅的形成。此后祖师禅禅师更日益鲜明地高举‘教外别传，不立文字，直指人心，见性成佛’的旗帜，不持戒，不诵经，不念佛，不坐禅，强调任其自然，自性自度，动辄扬眉瞬目，行棒行喝，甚至超宗越格，呵佛骂祖。在唐末、五代和北宋时代，祖师禅蔚然成风，一度成为禅宗的主旋律，影响广泛而深远。”[②] 黄檗希运禅师就说：“夫出家人，须知有从上来事分始得。……有此眼目，方辨得邪正宗党。”[③] 如此，云门文偃游方行脚时为什么参禅的重点在“法身边事”和“法身向上事”的争锋上，就会了然明白了。文偃参禅，证后起修的目的就是明会祖师禅，而那些诸方尊宿往往也是在指引他明悟祖师禅。如文偃在岭中参卧龙和尚：

> 师在岭中时，问卧龙和尚：“明己底人还见有己么？”龙云：“不见有己，始明得己。”又问：“长连床上学得底，是第几机？”龙云：“第二机。”师云：“作么生是第一机？”龙云：“紧峭草鞋。”[④]

---

① （宋）普济：《五灯会元》（中），中华书局1984年标点本，第703页。

② 方立天：《如来禅与祖师禅》，《中国社会科学》2000年第5期。

③ （宋）赜藏主编集：《古尊宿语录》（上），中华书局1994年标点本，第36页。

④ 同上书，第340页。

禅宗关于禅修方法常有“第一机”和“第二机”的区分：所谓第一机，一般指的是超越了语言思维的当下现行，这其实就是祖师禅；所谓第二机，一般是指凭借经教文字、通过拟议思维的方式而实现证悟的渐修渐悟，这其实就是如来禅。在五宗禅兴起的年代，禅师们一般都看重祖师禅而贬斥如来禅，所以把祖师禅抬为第一机，而把如来禅称为第二机。长连床是禅寺僧堂中供僧人坐卧之用的大床，文偃在此暗喻如来禅，问如来禅属于第几机时，卧龙和尚答以“第二机”。文偃因而进一步追问什么是第一机？卧龙回答“紧峭草鞋”。这句话可以包含许多言外之意，其一也许就是说绑紧鞋带赶紧行脚吧。因为行脚就是云门文偃当下的现行。后来文偃禅师住云门山说法时，曾举仰山慧寂的公案与弟子讨论过“如来禅”与“祖师禅”的问题。据《云门匡真禅师广录·室中语要》中载：

> 举仰山云：“如来禅即许师兄会。”僧便问：“如何是如来禅？”师云：“上大人。”又拈起扇子云：“我唤作扇子，你唤作什么？”僧无语。师云：“扇子上说法，灯笼里藏身，作么生？”僧却问：“如何是和尚禅？”师叱云：“元来只在者里。”①

祖师禅兴起后，禅师行脚参禅要得到祖师的许可，就需要参透和领悟祖师禅的关口。《无门关》中说：

> 参禅须透祖师关，妙悟要穷心路绝。祖关不透，心路不绝，尽

① （宋）赜藏主编集：《古尊宿语录》（上），中华书局1994年标点本，第281页。

是依草附木精灵。且道，如何是祖师关？只者一个无字，乃宗门一关也。①

这即是说，所谓参透祖师关，就是要参透一个“无”字。那么这个“无”字的内涵是什么呢？方立天先生说：“就是无一切相对相状，无一切相对差别，无一切相对格局。过祖师关，就是过‘无’字关，就是离却言语知解，断绝思维活动，也就是‘穷心路绝’，超越相对分别。只有这样，才能当下体证悟得，才算是进入了祖师禅的境界。”② 云门文偃一路行脚，诸方尊宿各有关口施设，目的是接引云门透过祖师关，参透不可言说的禅门第一机。如文偃参曹山时：

师问曹山：“如何是沙门行？”山云：“吃常住苗稼者。”师云：“便与么去时如何？”山云：“你还畜得么？”师云：“学人畜得。”山云：“你作么生畜？”师云：“著衣吃饭有什么难？”山云：“何不道披毛戴角？”师便礼拜。③

文偃参曹山请教如何是真正的沙门行，曹山回答“吃常住苗稼者”，即吃饭、穿衣随缘任运即是修行。禅门所谓的“透过无字关”，并不是在认识上通过思维知解去思考与有相对的“无”存在，而是参透“万法本闲，唯人自闹”的无执、无著、无住精神后的当下即是，一切现成，

① 《大正藏》第48册《无门关》，第292页下。
② 方立天：《如来禅与祖师禅》，《中国社会科学》2000年第5期。
③ （宋）赜藏主编集：《古尊宿语录》（上），中华书局1994年标点本，第341页。

所以是在日常生活中不假修持而顿入悟境的。文偃禅师后来说法时就有“大用现前，不存轨则”① 之语，表明他行脚所参之禅即是祖师禅。据《游方遗录》载：

师到江州，有陈尚书请师斋，相见便问：“儒书中即不问，三乘十二分教自有。座主，作么生是衲僧行脚事?”师云：“曾问几人来?”书云：“即今问上座。”师云：“即今且置，作么生是教意?”书云：“黄卷赤轴。”师云：“这个是文字语言。作么生是教意?”书云：“口欲谈而辞丧，心欲缘而虑忘。”师云：“口欲谈而辞丧，为对有言；心欲言而虑忘，为对妄想。作么生是教意?”尚书无语。师云：“见说尚书看《法华经》，是不?”书云：“是。”师云：“经中道：‘一切治生产业，皆与实相不相违背。’且道非非想天，有几人退位?”书无语。师云：“尚书且莫草草。十经五论，师僧抛却。特入丛林，十年二十年，尚不奈何。尚书又争得会?”尚书礼拜云：“某甲罪过。”②

从他到江州与自己的老朋友陈操尚书所谈的一席话中也可以看出，云门文偃禅师对于借教悟宗的禅修方式是有所批评的。

禅师若是通过参透祖师关，识得“法身边事”与“法身向上事”的体用不二，既能从体起用，又能依用归体，方能行脚毕。明代牧道者就曾说：“者里荐得，犹是法身边事；直饶皓月行空，涌没自在，也未梦

① （宋）赜藏主编集：《古尊宿语录》（上），中华书局 1994 年标点本，第 281 页。

② 同上书，第 342—343 页。

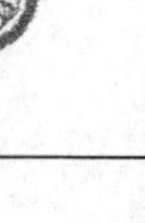

见法身向上事。须知有冰楞上走马，剑刃上翻身，若识此人，行脚事毕。”① 文偃禅师从雪峰禅师得法之后，经过十七年的参访游历，历经百城烟水，终获人生解脱之真谛。他了悟后到韶州云门山传法，建立自己的宗派，并得到了云门和尚的称呼。对于自己遍谒诸方的游学经历及其收获，文偃禅师在临终顺化之前所作的《遗表》中曾自己回忆，说自己为了求法曾经“忘餐待问，立雪求知”，历经风霜十七年，跋涉南北数千里远，才做到心猿罢跳，意马休驰。

明末清初之际，福建鼓山名僧为霖道霈禅师在《圣箭堂述古》中引云门文偃禅师临终辞广主遗表后评曰：

> 云门平生，气宇如王，说法如云如雨，而垂死辞世之言，乃特叙其参访履历之功。曰忘餐待问，立雪求知，困风霜于十七年间，涉南北于数千里外，始见心猿罢跳，意马休驰。呜呼！今日学者，未具一知半解，而辄自谓千了万当，堕增上慢者，亦可以思矣。②

为霖道霈禅师认为，云门文偃气宇如王的庄严气象，如云如雨的说法境界来源于十七年的参访履历，并以文偃为榜样，对当时学者一知半解之风提出了批评警示。

---

① 《古瓶山牧道者究心录》，《嘉兴藏》第28册，第291页中。

② 《圣箭堂述古》，《卍新纂续藏经》第73册，第448页中。

第三章 云门宗的创立

宋希叟绍昙在《五家正宗赞》中这样称赞文偃禅师：

菰蒲生异材，浩气吞云汉。

出空王寺，无心系四分葛藤桩。

跨睦州门，折脚悟秦时轒轹钻。

果经霜熟，轩知灵树明窗下安排。

金绕指柔，更入雪峤洪炉中烹煅。

见刘王忆僧堂唾面未干，友玄沙，笑渔舟通身红烂。

放洞山三顿棒，彻底老婆心。

竖云门一字关，瞎却宗师眼。

水上红旗立未收，暗中横骨抽何限。

虽十七年困风霜于逆旅途间，然数百世策奇勋于瘴烟城畔。①

① 《五家正宗赞》卷四，《卍新纂续藏经》第78册，第608页下。

就是这样一位伟大的禅师，创立了云门宗。

一　礼曹溪住灵树，成堂上首座

文偃禅师十七年风尘仆仆、风霜奔波的游方参学之路在后梁太祖乾化元年（911）终于在广东停了下来。这一年，文偃禅师四十八岁。雷岳的《实性碑》和陈守中的《碑铭》中，均记载文偃禅师在辛未年即公元911年行脚广东，先礼曹溪祖庭，后谒灵树知圣大师：

辛未礼于曹溪，旋谒灵树，故知圣大师以心机相露，胶漆契情。①

辛未届于曹溪，旋谒灵树，故知圣大师如敏长老以识心相见，静本略同，俦侣接延。②

在佛教史上，“曹溪”为禅宗南宗祖庭的别名，以六祖慧能在韶州（今广东韶关）曹溪宝林寺演法而得名。关于慧能住曹溪宝林寺，六祖门人法海等在《六祖大师缘起外纪》中是这样记录的：

次年（676年，引者注）春，师辞众归宝林，印宗与缁白送者千余人，直至曹溪。时荆州通应律师，与学者数百人，依师而住。

① 岑学吕编，仇江整理：《云门山志》，上海古籍出版社2014年版，第173页。
② 同上书，第179页。

> 师至曹溪宝林，睹堂宇湫隘，不足容众，欲广之，遂谒里人陈亚仙曰："老僧欲就檀越求坐具地，得不？"陈曰："和尚坐具几许阔？"祖出坐具示之。亚仙唯然。祖以坐具一展，尽罩曹溪四境。四天王现身，坐镇四方。今寺境有天王岭，因兹而名。仙曰："知和尚法力广大，但吾高祖坟墓并在此地，他日选塔，幸望存留，余愿尽舍，永为宝坊。然此地乃生龙白象来脈，只可平天，不可平地。"寺后营建，一依其言。
>
> 师游境内，山水胜处，辄息止，遂成兰若一十三所。今曰华果院，隶籍寺门。其宝林道场，亦先是西国智药三藏自南海经曹溪口，掬水而饮，香美，异之。谓其徒曰："此水与西天之水无别，溪源上必有胜地，堪为兰若。"随流至源上，四顾山水回环，峰峦奇秀，叹曰："宛如西天宝林山也。"乃谓曹候村居民曰："可于此山建一梵刹。一百七十年后，当有无上法宝，于此演化，得道者如林，宜号宝林。"时韶州牧侯敬中以其言具表闻奏，上可其请，赐宝林为额，遂成梵宫，落成于梁天监三年。①

建成于南朝梁武帝天监三年（504）的宝林寺，自六祖始驻锡讲法以来，被视为"禅宗祖庭"。北宋开宝元年（968），宋太祖敕赐"南华禅寺"，这一名称遂沿用至今。作为六祖道场的曹溪，吸引着每一个参禅的觉悟者，行脚至韶州的云门文偃又怎能不虔心礼敬？有意思的是，文偃师承雪峰，而雪峰的老师德山宣鉴却以呵佛骂祖闻名丛林，他曾在上堂中激烈地说：

① （唐）慧能著，郭朋校释：《坛经校释》，中华书局1983年版，第120页。

我先祖见处即不然，这里无祖无佛，达磨是老臊胡，释迦老子是干屎橛，文殊普贤是担屎汉，等觉妙觉是破执凡夫，菩提涅槃是系驴橛，十二分教是鬼神簿、拭疮疣纸。四果三贤、初心十地是守古冢鬼，自救不了。①

文偃的禅风中也继承了祖师“呵佛骂祖”的特色。他上堂说法时，有僧问：“如何是释迦身。”文偃直接回答说：“干屎橛。”② 可见，文偃禅师也继承了“呵佛骂祖”的禅风，而这一禅风的形成不可能是晚年讲法时才形成的，应该是他早年行脚时就已经锻炼而成了。因而秉持呵佛骂祖之禅风的文偃，他礼曹溪的故事在禅史上就具有了重要的象征意义。事实上，对于达摩、慧能这些能启悟来人的伟大心灵来说，没有比口中说着“呵佛骂祖”之语却真正践履曹溪禅的禅师们更加真心尊敬的了。

云门文偃礼曹溪后，便来到了灵树如敏禅师的道场。灵树如敏禅师是福建人，为六祖门下南岳一系的禅师，其法系为灵树如敏—长庆大安—百丈怀海—马祖道一—南岳怀让—六祖慧能。据禅史记载，灵树如敏禅师不以禅修而以神通显闻当世，他能预知未来，故颇多神异事迹，因而为广主刘氏所看重，军国大事有疑即询，号为知圣大师。以至于《宋高僧传》的作者不把他列入习禅类，而是归于感通类。《宋高僧传》载：

① （宋）普济：《五灯会元》（中），中华书局1984年标点本，第374页。
② （宋）赜藏主编集：《古尊宿语录》（上），中华书局1994年标点本，第269页。

释如敏，闽人也。始见安禅师，遂盛化岭外，诚多异迹。其为人也，宽绰纯笃，无故寡言，深悯迷愚，率行激劝。刘氏偏霸番禺，每迎召敏入请问，多逆知其来，验同合契。广主奕世奉以周旋，时时礼见，有疑不决，直往询访。敏亦无嫌忌，启发口占，然皆准的，时谓之为乞愿，乃私署为知圣大师。初敏以一苦行为侍者，颇副心意，呼之曰“所由”也。一日，随登山脊间，却之，潜令下山，回顾见敏入地焉。苦行隐草中覆其形，久伺之乃出，往迎之，问曰：“师焉往乎?”曰：“吾与山王有旧，邀命言话来。”如是时或亡者，乃穴地而出，严诫之曰：“所由无宜外说，泄吾闲务。”后终于住院，全身不散。丧塔官供，今号灵树禅师真身塔，是欤!①

正因为灵树如敏有预知未来的神通，文偃禅师止灵树为首座的过程，在禅宗文献记载中也就充满了传奇色彩。《五灯会元》中载：

初，知圣住灵树二十年，不请首座。常云：“我首座生也，我首座牧牛也，我首座行脚也。”一日，令击钟三门外接首座。众出迓，师果至。直请入首座寮，解包。②

慧洪《禅林僧宝传》中记载略详：

---

① （宋）赞宁：《宋高僧传》（下），中华书局1987年标点本，第561页。
② （宋）普济：《五灯会元》（下），中华书局1984年标点本，第923页。

先是，敏不请第一座，有劝请者，敏曰："吾首座已出家久之。"又请，敏曰："吾首座已行教，悟道久之。"又请，敏曰："吾首座已度岭矣，姑待之。"少日偃至，敏迎笑曰："奉迟甚久，何来暮耶。"即命之。偃不辞而就职。[①]

一位是早就有心，另一位是当仁不让。自此，文偃禅师就在灵树如敏禅师这里做首座。佛门中所谓首座，别称禅头、第一座、首众，即坐禅堂之首位者，是仅次于住持的次席。《祖庭事苑》卷八中解释"首座"说：

即古之上座也。梵语悉替那，此云上座。此有三焉。《集异足毗昙》曰：一，生年为耆年。二，世俗财名与贵族。三，先受戒及证道果。古今立此位，皆取其年德干局者充之。今禅门所谓首座者，即其人也，必择其已事已辨，众所服从，德业兼备者充之。[②]

按照《祖庭事苑》的说法，禅门中能做首座者，一定是己事已明且德业兼备，能为众所信服者，而十七年行脚游方的参学经历，也锻炼文偃禅师足以担任首座职务。而且文偃禅师在如敏禅师处做首座也非常称职，其接引学人的禅风也颇为灵树如敏禅师所认可。据《游方遗录》记载：

① 《禅林僧宝传》卷二，《卍新纂续藏经》第79册，第495页上。
② 《祖庭事苑》卷八，《卍新纂续藏经》第113册，第236页下。

> 师在灵树知圣大师会中为首座时，僧问知圣："如何是祖师西来意？"圣云："老。"僧无语。却问僧："忽然上碑，合著得什么语？"时有数僧下语，皆不契。圣云："汝去请首座来。"洎师至，圣乃举前话问师，师云："也不难。"圣云："著得什么语。"师云："有人问：'如何是祖师西来意。'但云：'师。'"知圣深肯。①

至918年灵树如敏禅师示寂，文偃禅师在灵树如敏禅师会中为首座的时间一共历经八年。如敏禅师既然有预知神通，当然也就能预知自己的生死，故在丁丑年（917）时，他就召集文偃禅师和门下学徒在一起说："吾若灭后，必遇无上人为吾荼毗。"暗示自己将要灭度，安排文偃禅师继其法居为住持。果然在第二年（918），灵树如敏禅师圆寂。圆寂前如敏禅师潜书密函中，告诉门下弟子说："吾灭后，上或幸此，请以遗。"如敏禅师的预言成真了。当时南汉高祖刘岩计划兴兵，便计划到灵树就军国大事请教如敏大师，及到时大师已经圆寂。刘岩非常吃惊，如敏禅师一向身体健康，怎么会突然就圆寂了呢？因而询问如敏禅师有没有什么遗训，门下弟子将如敏禅师的遗函取出，刘岩启函得书云："人天眼目，堂中上座。"这是一封推荐信，在信中如敏禅师说堂中上座是人天眼目，可以继承自己住持灵树。

云门宗能够在岭南兴起并蓬勃发展，除了文偃禅师自身的禅法精深原因外，也与灵树如敏禅师对文偃禅师的知遇，以及向广主刘氏政权的极力推荐等有很大关系。灵树如敏禅师入寂时，在所遗南汉皇帝刘岩的

---

① （宋）赜藏主编集：《古尊宿语录》（上），中华书局1994年标点本，第344页。

书信中，盛赞云门禅师为“人天眼目”，这可谓是对禅师的最高褒扬。据《禅苑清规·尊宿住持》云：

代佛扬化，表异知事，故云传法。各处一方，续佛慧命，斯曰住持。初转法轮，命为出世，师承有据，乃号传灯。得善现尊者长老之名，居金粟如来方丈之地，私称洒扫，贵徒严净道场；官请焚修，盖为祝延圣寿。故宜运大心，演大法，蕴大德，与大行，廓大慈悲，作大佛事，成大利益，权衡在手，纵夺临时，规矩准绳，故难拟议。然其大体，令行禁止必在威严，形直影端莫如尊重，量才补职略为指踪，拱手仰成慎无掣肘，整肃丛林规矩，抚循龙象高僧，朝晡不倦指南，便是人天眼目。[①]

刘岩对于如敏禅师的临终遗示当然非常重视，于是召见文偃禅师，令禅师说法，并特恩赐紫。919 年，敕文偃禅师于本州开堂讲法。

二　上堂讲法，为人天眼目

919 年，文偃禅师正式接替灵树如敏禅师为住持，开堂讲法，接引学人。所谓“开堂”，《祖庭事苑》中解释：

开堂乃译经院之仪式。每岁诞节必译新经上进，祝一人之寿。前两月，二府皆集，以观翻译，谓之开堂。前一月，译经使润文官

① 《禅苑清规》卷七，《卍新纂续藏经》第 63 册，第 542 页下。

> 又集，以进新经，谓之开堂。今宗门命长老住持演法之初，亦以谓之开堂者。谓演佛祖正法眼藏，上祝天算，又以为四海生灵之福，是亦谓之开堂也。①

按照禅宗的规矩，禅师为住持首次讲法谓之开堂。初次开堂情况，按雷岳《实性碑》中记载：

> 次年敕师于本州岛厅开堂。师于是踞知圣筵，说雪峰法，实谓禅河汹涌，佛日辉华，道俗数千，问答响应。郡守何公希范礼足曰："弟子请益。"师曰："目前无异草。"有学人问："如何是本来心？"师云："举起分明。"别有言句，录行于世。②

南汉刘氏对于文偃禅师初次开堂讲法是非常重视的，不但一切都按照禅门仪规进行，而且特地安排了郡守何希范具疏，请文偃禅师为灵树禅院住持，并为皇帝刘岩及阖郡军民说法。其《请疏》如下：

> 弟子韶州防御使、兼防遏指挥使、权知军州事、银青光禄大夫、检校兵部尚书、御史大夫、上柱国何希范，洎阖郡官僚等，请灵树禅院第一座偃和尚，恭为皇帝陛下开堂说法，上资圣寿者。窃以伽跋西来，克兴大乘之教；达磨东至，乃传心印之宗。然法炬以烛幽，运慈舟而济溺。伏惟和尚，慧珠奋彩，心镜发辉。性海深

---

① 《祖庭事苑》卷八，《卍新纂续藏经》第113册，第235页上。

② 岑学吕编，仇江整理：《云门山志》，上海古籍出版社2014年版，第173页。

沉，不可以识识；言泉玄奥，不可以智知。能造一相之门，迥出六尘之境。灵树禅院者，琼古灵踪，最上胜概。自知圣大师顺世，密授付嘱之词；皇帝巡狩，荣加宠光之命。足可以为祇园柱础，梵苑梯航。缁徒虔心以归依，仕庶精诚而信仰。希范叨权使命，谬治名藩，幸逢法匠之风，请踞方丈之室。愿以广济为益，无将自利处怀。少狗披榛之徒，伫集如云之众。俯从所请，即具奏闻。①

在《请疏》中，郡守何希范用“慧珠奋彩”“心镜发辉”“性海深沉”“言泉玄奥”这样的言语盛赞文偃禅师的心灵境界和说法能力，也描述了文偃禅师在丛林及世俗中的巨大地位及其影响：“缁徒虔心以归依，仕庶精诚而信仰。”进而请求禅师“以广济为益”而“无将自利处怀”，为本郡军民说法。自此以后，文偃禅师在灵树禅院正式开始传法，而禅师与南汉政权三十多年的密切关系也拉开了序幕。事实上，文偃禅师能在广东传法三十多年，与南汉刘氏割据政权的大力扶持密不可分。

南汉是五代十国时期南方的一个割据政权，辖区包括今广东、广西两省以及越南北部地区，由刘岩（889—942，后改名陟、龑、龑，）于后梁贞明三年（917）正式建立，都番禺（今广州），初国号“大越”，次年（918）十一月，刘岩改国号“汉”，史称南汉，是为南汉高祖。历四帝，存国五十四年。其中，二世帝刘玢（920—943），刘岩第三子，942年即位，次年被其弟刘晟所杀，谥殇帝；三世帝刘晟（920—958），刘岩四子，杀兄自立，在位十六年，庙号中宗，谥号文武光圣明孝皇

① （宋）赜藏主编集：《古尊宿语录》（上），中华书局1994年标点本，第348页。

帝；四世帝刘鋹（943—980），刘晟长子，在位十四年，971 年降宋，南汉亡，后世称为后主。文偃禅师开堂讲法的时间，距离刘岩称帝不过才过了两年时间。

尽管刘氏南汉政权亲近佛教，但却并未真正接受和遵奉佛教的慈悲教诲。从高祖刘岩起，南汉政权的几任皇帝都是比较残暴的。据清吴任臣《十国春秋》《南汉高祖本传》中记载：

> 高祖……为人辨察，多权数。性好奢侈，悉聚南海珍宝、翠羽以饰宫室，建殿阁秀华诸宫，务极瑰丽。晚年作南熏殿，柱皆通透刻镂，础石各置炉燃香，有气无形，顾左右曰："隋炀帝论车烧沉水，却成粗疏，争似我二十四具藏用仙人，纵不及尧、舜、禹、汤，亦不失作风流天子。"又用刑残酷，果于杀戮。设汤镬铁床诸具，有灌鼻、割舌、支解、刳剔、炮炙、烹蒸之法，间聚毒蛇水中，以罪人投之，谓之水狱。或投汤镬之后，更加日曝，沃以盐酢，肌体腐糜，尚能行立，久之乃死。至若锤锯互作，血肉交飞，冤痛之声充沸庭庑，必垂帘便殿视之，垂涎呀呷，不觉朵颐，有司竢其复常，方引罪人而退，人以谓真蛟蜃也。后尤猜忌，以士人为子孙计，故专任阉人，由是国中宦者大盛。①

刘岩之残暴如此，以至于吴任臣这样评论道：

① （清）吴任臣：《十国春秋》，中华书局 1983 年标点本，第 849—850 页。

予采南汉逸事，至先主每视杀人不胜其喜，复创为水狱、汤镬、锯解、剥炙之刑，不禁掩卷叹曰："十国世家有云：'牢牲视人，岭蜑遭刘'，岂擅虚语哉！夫时当五季，中原迭变，民不聊生，困已极矣。区区广南之地，不务施德，而虐及无辜，将天不厌乱，特假手以毒此一方民邪？不然，传国三世，卜年六十，吾不能为彭城氏解矣。"①

我们知道，唐代可以说是中国历史上宦官为祸最烈的时期，司马光就曾评说道："唐代宦官之祸，始于明皇，盛于肃代，成于德宗，极于昭宗。"② 清人赵翼指出，让宦官掌握军权无疑是宦官集团能够长期专权的关键。他说："推原祸始，总由于使之掌禁兵，管枢密，所谓倒持太阿，而授之以柄，及其势已成，虽有英君察相，亦无如之何矣。"③ 到了晚唐时期，宦官权势之盛，已经发展到了可以废立皇帝的地步，甚至还总结出操纵皇帝的经验来互相交流，如宦官仇士良在致仕前，给他的同党传授经验说：

天子不可令闲暇，暇必观书，见儒臣，则又纳谏，智深虑远，减玩好，省游幸，吾属恩且薄而权轻矣。为诸君计，莫若殖财货，盛鹰马，日以球猎声色蛊其心，极侈靡，使悦不知息，则必斥经术，阍外事，万机在我，恩泽权力欲焉往哉？④

---

① （清）吴任臣：《十国春秋》，中华书局1983年标点本，第850页。
② （宋）司马光：《资治通鉴》，中华书局1956年标点本，第8598页。
③ （清）赵翼著，王树民校证：《廿二史札记校证》，中华书局1984年版，第424页。
④ （宋）欧阳修等：《新唐书》，中华书局1975年标点本，第5874—5875页。

南汉政权继承了唐代宦官为祸的恶习。南汉高祖刘岩认为士大夫有为子孙后代计算的私心，所以专任宦官，由此国中宦者大盛。至中宗刘晟掌权，为了巩固自己的地位，大肆杀戮宗室兄弟与勋旧大臣，史书中称“宗室勋旧，诛戮殆尽，惟宦官林延遇等用事，内外专恣，帝不复省”①。到后主刘鋹继位时，“帝时年十六，委政于宦者龚澄枢、陈延寿及才人卢琼仙等，台省官仅充员而已，机密事多不与”②。南汉政权的荒淫残暴由此可见一斑。让人不可思议的是，这样一个野蛮的视生命如草芥的割据政权，它的几任统治者大都信仰主张众生平等、慈悲济世的佛教，而云门宗的创立及其兴盛发展就先后得到了南汉高祖刘岩、中宗刘晟的大力支持。关于南汉政权与佛教之关系，梁廷枏在《南汉书》中的评论至为公允：

> 世言南唐之亡，困惑于浮屠氏，以予读陆氏书，小长老自北至，说后主多造塔象，以耗其帑庾；为不祥语，摇惑其众；复请造寺千余间，宋师既来，即其寺为营。又有北僧立石塔于采石矶，宋以浮桥系塔渡，明明为间而信之、奉之，故卒至于败而不可救。
>
> 南汉不然，如敏、文偃一下，不过演曹溪支流，鼓其机锋，致人主钦崇，使兴其教而大其宗而已，非有奸诈煽诱之足以亡人国家也。
>
> 倘后主即其地狱、天堂之说，以坚其祈福禳祸之心，因是而去

① （清）吴任臣：《十国春秋》，中华书局1983年标点本，第856页。
② 同上书，第861页。

其暴行，减课税，奉佛之虔，百姓之利矣。盖后主之信之犹未笃也。[①]

在广东传法的三十多年间，文偃禅师与南汉政权一直保持密切的联系。文偃禅师也曾在南汉高祖刘岩面前说禅讲法。考禅宗文献，见于记载的讲法主要有四次，这四次说法横跨二十年：

第一次说法在戊寅岁，即公元918年。据陈守中《碑铭》记载："及戊寅岁，知圣大师顺寂，恰遇高祖天皇大帝驾幸韶阳，至于灵树，敕为焚爇，果契前言也。师是时奉诏对扬，便令说法，授以章服。"[②] 此次说法的内容我们不得而知，但这可算是文偃禅师与南汉高祖的首次正式见面，一定给其留下了深刻的印象。

第二次说法在乙卯岁，即公元919年。据《景德传灯录》卷十九记载："开堂日，广主亲临曰：'弟子请益。'师曰：'目前无异路。'"[③] 这也就是说，文偃禅师主持第一次开堂讲法的时候，广主刘岩也亲自参加了，并以弟子的身份参与了对机问答。据何希范《请疏》中"请灵树禅院第一座偃和尚，恭为皇帝陛下开堂说法，上资圣寿者"的说法，也佐证了广主刘岩亲自出席文偃禅师的开堂说法盛会。在禅宗语录中，对机指的是上堂讲法时，禅师针对学人之根基不同而随机做出的回答。刘岩以南汉皇帝的身份向文偃禅师请益，文偃禅师则答以"目前无异路"，指示了佛教主张的众生平等无差别的思想，这无疑是非常契机的。就出

① （清）梁廷枏：《南汉书》，广东人民出版社1981年版，第91页。

② 岑学吕编，仇江整理：《云门山志》，上海古籍出版社2014年版，第179页。

③ （宋）道元辑：《景德传灯录》（下），海南出版社2011年点校本，第604—605页。

世法而言，禅宗主张一切众生皆有佛性，皆可成佛，心佛众生是三无差别，从这个角度而言，众生平等，唯在自识本心，自性觉悟；就世间法而言，作为一国之皇帝的刘岩，这一身份决定了他对治下的子民应该做到一视同仁，平等对待。因此，可以说文偃禅师的这个回答是非常对机的。

第三次说法时间不确定，应是开堂讲法之后的某一天。据《碧岩录》中记载：

> 师开堂说法，有鞠常侍致问："灵树果子熟也未?"门云："什么年中，得信道生?"复引刘王昔为卖香客等因缘，刘王后谥灵树为"知圣禅师"。灵树生生不失通，云门凡三生为王，所以失通。一日，刘王诏师入内过夏，共数人尊宿，皆受内人问询说法，惟师一人不言，亦无人亲近。有一直殿使，书一偈，贴在碧玉殿上云："大智修行始是禅，禅门宜默不宜喧。万般巧说争如实，输却云门总不言。"①

第四次是戊戌岁，即公元938年。此次说法在雷岳的《实性碑》和陈守中的《碑铭》中均有记载。据雷岳《实性碑》记载：

> 至戊戌岁，高祖天皇大帝诏师入阙，帝亲问："如何是禅?"师云："圣人有问，臣僧有对。"帝曰："作么生对?"师云："请陛下

① （宋）雪窦重显法师、圜悟克勤法师：《碧岩录》，东方出版社2013年版，第43页。

鉴臣前语。”帝悦云：“知师孤介，朕早钦敬。”①

据陈守中《碑铭》记载：

至戊戌岁，高祖天皇大帝诏师入阙，朝对有容，因宣问曰：“作么生是本来心？”师曰：“举起分明。”帝知师洞韫玄机，益加钦敬。②

雷岳和陈守中二人记载的此次说法均发生在戊戌年，是文偃禅师开创云门山之后的事，但说法的内容略有差别，一是关于“如何是禅”的说法，一是关于“作么生是本来心”的说法。其实本来心就是禅，所以文偃禅师的这次说法只是随机显用不同罢了。

戊戌岁的这次说法，让南汉皇帝刘岩真正了解了文偃禅师深邃的禅学思想，所以他下令授文偃禅师“左右街僧录”衔。这是唐宋时期由官方所设立的专门用来掌管僧尼名籍、僧官补任等事宜的最高僧职，往往由丛林中德高望重者任之，在僧团中可谓位高权重。但淡泊名利的文偃禅师还是逊让再三，最终得免，让世人见识了禅门那些“既在红尘浪里，又在孤峰顶上”的高僧大德的真正风范。南汉皇帝刘岩强留不过，最后只能厚加赏赐后放其归山，并加文偃禅师号曰“匡真”。“匡真”二字，可谓云门文偃人格境界和智慧风范的真实写照。

① 岑学吕编，仇江整理：《云门山志》，上海古籍出版社2014年版，第174页。

② 同上书，第179—180页。

三 开创云门山，成一代宗师

据《人天眼目》等记载，云门禅法大兴于岭南是在云门文偃创建云门山光泰寺后。《人天眼目》卷二中说：

> 开法嗣雪峰。后迁云门光泰寺，其道大振。天下学者，望风而至，号云门宗。①

宋代云门宗僧人契嵩编《传法正宗纪》卷八中说：

> 其后刘氏复治云门大伽蓝，迁偃居之，其声遂大闻。四方学者归之如水趋下，然其风教峭迅，趣道益至，今天下尚之号为云门宗者也。②

真正意味着文偃禅师成为禅门一代宗师的标志性事件，是他于923年开创云门山。919年到923年的五年间，文偃禅师主要在灵树禅院开堂讲法。终因自已心唯恬默，志在清幽，文偃禅师向南汉高祖刘岩奏请移庵，于923年来到今广东省乳源县的云门山，建造禅院。这一年文偃禅师正好六十岁。五年后，禅院建成，南汉高祖刘岩敕赐匾额，命名为“光泰禅院”。关于文偃禅师开创云门山的原因、开创过程以及建成之后

---

① 《人天眼目》卷二，《大正藏》第48册，第312页上。

② 《传法正宗纪》卷八，《大正藏》第51册，第757页中。

的盛况，雷岳《实性碑》如是记载：

尔后大师心唯恬默，奏乞移庵，敕允。癸未，领学者开云门山，五载功成。四周云合，殿宇之櫓楹翼翥，房廊之高下鳞差。邃壑幽泉，挫暑月而寒生户牖；乔松修竹，冒香风而韵杂宫商。近于三十来秋，不减半千之众，岁纳他方之供，日丰香积之厨，有殊舍卫之城，何异灵山之会。院主师傅大德表奏院毕，敕赐“光泰禅院”额及朱记。①

陈守中《碑铭》中如是记载：

师尔后倦于延接，志在幽清，奏乞移庵，帝命俞允。癸未，领众开云门山，构创梵宫，数载而毕。莫不因高就远，审地为基，层轩邃宇而涌成，花界金绳而化出。晓霞低覆，绛帷微衬于雕楹；夕露散垂，珠纲轻笼于碧瓦。匼匝尽奇峰秀岭，逶迤皆泼黛堆蓝，泉幽而声激珠玑，松老而势拿空碧。由是庄严宝相，合杂香厨，抠衣者岁溢千人，拥锡者云来四表。庵罗卫之林畔，景象无殊；耆阇崛之山中，规模非异。院主师傅表奏造院毕功，敕赐额曰：“光泰禅院。”②

从雷岳和陈守中的记载中可见，自云门山开创后，常年有一千多人

① 岑学吕编，仇江整理：《云门山志》，上海古籍出版社2014年版，第173—174页。
② 同上书，第179页。

跟随文偃禅师参禅修佛，成为当时一个具有很大影响力的禅门胜地。因此拥锡者四方云集，吸引力之大，甚至有新罗僧不远万里来此参禅。据《云门广录·勘辨》中记载，文偃禅师曾问新到："你是甚处人？"僧云："新罗人。"师云："将什么过海？"僧云："草贼大败。"① 云门山的开创，标志着一个被称为云门宗的禅宗派别的正式开始。

文偃禅师居云门后讲法弘道二十多年，其间也曾对南汉政权的两任皇帝刘岩和刘晟进行说法，得到了"匡真大师"的赐号。如陈守中《碑铭》中记载："至戊戌岁，高祖天皇大帝诏师入阙，朝对有容……帝知师洞韫玄机，益加钦敬，其日，欲授师左右街大僧录，逊让再三而免。翌日，赐师号曰'匡真大师'。延驻浃旬，赐内帑银绢香药遣回本院。厥后常注宸衷，频加赐赉。寻遇中宗文武光圣明孝皇帝，缵承鸿业，广布皇风，廓静九围，常敬三宝。复降诏旨命师入于内殿供养月余，仍赐六珠衣、钱绢香药等，却旋武水，并预赐塔院额曰'瑞云之院'、'宝光之塔'。"②

公元 949 年己酉岁四月十日子时，云门文偃禅师示寂，寿龄八十六，僧腊六十六。据陈守中《碑铭》记载，是日，文偃禅师预感自己将要入寂，"忽谓诸学徒曰：'来去是常，吾当行矣。'乃命侍者奉汤，师付汤碗于侍者曰：'第一是吾著便，第二是汝著便。'亟令修表告别君王，乃自扎遗诫曰：'吾灭后，不得效俗家著孝衣哭泣，备丧车之礼，则违我梵行也。'"③ 按照陈守中的记载，文偃禅师让弟子修表告别南汉

① （宋）赜藏主编集：《古尊宿语录》（上），中华书局 1994 年标点本，第 319 页。
② 岑学吕编，仇江整理：《云门山志》，上海古籍出版社 2014 年版，第 180 页。
③ 同上。

皇帝，而自己则亲自书写《遗诫》，作为对弟子们的最后诫示。而雷岳在《行录》中则说文偃禅师亲自修表以及《遗诫》："夙具表以辞帝，兼述遗诫。然后跏趺而逝。"① 大师《遗表》如下：

伏闻：有限色身，讵免荣枯之叹；无形实相，孰云迁变之期。既风灯炬焰难留，在水月空华何适。罔避典彝之咎，将陈委蜕之词。臣中谢伏念：臣迹本寒微，生从草莽，爰自髫龀，切慕空门。洁诚誓屏于他缘，锐志唯探于内典。其或忘餐待问，立雪求知，困风霜于十七年间，涉南北于数千里外，始见心猿罢跳，意马休驰。身隈韶石之云，头变楚山之雪。以至荣逢景运，屡沐天波。诘道谈空，誓答乾坤之德；开蒙发滞，星驰云水之徒。获扬利益之因，迥自圣明之泽。加以联叨凤诏，累对龙庭，继奉颁宣，重迭庆赐。抚躬惆怅，殒命何酬？不谓臣驽马年衰，难胜睿渥，遽萦沦于疲瘵，唯待尽于朝昏。星汉程遥，遐眄而才瞻北极；波涛去速，回眸而已逐东流。伏愿凤历长春，扇皇风于拂石之劫；龙图永固，齐寿考于芥子之城。臣限余景无时，微躬将谢，不获奔辞丹阙，祝别彤庭。臣无任瞻天恋圣，激切屏营之至，谨奉表以闻。②

在《遗表》中，文偃大师既回顾了自己出家的初心，也回顾了自己十七年参禅访道的艰辛，还回顾了自己住广东后与南汉政权的亲密关系，最后则表达了对南汉政权的祝福。大师《遗诫》如下：

---

① （宋）赜藏主编集：《古尊宿语录》（上），中华书局1994年标点本，第347页。
② 同上书，第344—345页。

夫先德顺化，未有不留遗诫。至若世尊将般涅槃，亦遗教敕。吾虽无先圣人之德，既忝育众一方，殆尽不可默而无示。吾自居灵树及徙当山，凡三十余载。每以祖道寅夕激励汝等，或有言句布在耳目，具眼者知，切须保任。吾今已衰迈，大数将绝，刹那迁易，顷息待尽。然沦溺生死，几经如是，非独于今矣。吾自住持已来，甚烦汝等辅赞之劳，但自知愧耳。吾灭后，置吾于方丈中。上或赐塔额，只悬于方丈，勿别营作。不得哭泣孝服，广备祭祀等，是吾切意。盖出家者，本务超越，毋得同俗。其住持等事，皆仍旧贯；接诸来者，无失常则。诸徒弟等，仰从长行训诲。凡系山门庄业什物等，并尽充本院支用，勿互移属他寺。教有明旨，东西廊物，尚不应以互用，汝当知矣。或能遵行吾诫，则可使佛法流通，天神摄卫，不负四恩，有益于世。或违此者，非吾眷属。勉旃，勉旃！大期将迫，临行略示遗诫。努力，努力！好住。还会么？若不会，佛有明教，依而行之。①

文偃禅师把临行遗诫看作是自释迦牟尼以来的祖师规制，指出“先德顺化，未有不留遗诫”。在文偃禅师的《遗诫》中，他按照“盖出家者，本务超越，毋得同俗”的精神，特别强调了不得营造作塔、不得穿孝服哭泣、不得广备祭祀、住持寺庙遵守先师规制等。此一遗诫也是继承六祖慧能禅师的嘱咐精神。慧能在入灭前的嘱咐中说：“汝等好住，今共汝别。吾去已后，莫作世情悲泣，而受人吊问钱帛，著孝衣，即非

① （宋）赜藏主编集：《古尊宿语录》（上），中华书局1994年标点本，第345—346页。

正法，非我弟子。”① 曾礼曹溪的云门大师，将六祖的最后嘱咐视为佛之明教，并依例遵行。

公元949年四月二十五日，诸山尊宿具威仪，僧俗咸集千数人，送云门大师于浮图。大师灵容如昔，弟子依照师训塔于当山方丈室内。陈守中在《碑铭》中这样描述当日情形：

> 呜呼！化缘有尽，示相无生，端然不坏之身，寂尔归真之性，慧海虽乾于此界，法山复化于何方？峰云惨淡以低垂，众鸟悲鸣而不散。学徒感极，瞻雁塔以衔哀；门客恋深，拜禅龛而雪涕！以当月二十有五日，诸山尊宿，四界道俗，送师入塔。寿龄八十六，僧腊六十六。香飘数里，地振一隅，护法龙神，出虚空而闪烁；受戒阴骘，现仿佛之形容。其后诸国侯王，普天僧众，闻师圆寂，竟致斋羞。②

文偃禅师寂灭后十七年，即南汉后主刘鋹大宝六年（963），曾托梦给雄武军节度推官司阮绍庄，嘱他言于秀华宫使特进李托，托他奏闻南汉后主为之开棺。当打开文偃禅师的棺材后，见文偃禅师菩萨相依稀旋睹，法身如故，髭发复生，手足犹软，栩栩如生。刘鋹认为文偃禅师已经成就“金刚不坏之身”，于是“许群僚士庶，四海蕃商，俱入内庭，各得瞻礼”，当时“瑶林畔千灯接昼，宝山前百戏联宵”，可谓盛况空前，无与伦比。对此，陈守中《碑铭》中曾有详细记载：

① （唐）慧能著，郭朋校释：《坛经校释》，中华书局1983年版，第110页。

② 岑学吕编，仇江整理：《云门山志》，上海古籍出版社2014年版，第180—181页。

至大宝六年岁次癸亥八月，有雄武节度推官阮绍庄，忽于梦中见大师在佛殿之上，天色明朗，以拂子招绍庄报云："吾在塔多时，你可言于李特进，（秀华官使特进李托也，）托他奏闻，为吾开塔。"绍庄应对之次，惊觉历然。是时李托奉敕在韶州于诸山门寺院修建道场，因是得述斯梦，修斋事毕，回京奏闻。圣上谓近臣曰："此师道果圆满，坐化多年，今若托梦奏来，必有显现。宜降敕命，指撝韶州都监军府事梁延鄂同本府官吏往云门山开塔，如无所坏，则奏闻迎取入京。"梁延鄂于是准敕致斋，然后用功开凿。菩萨相依稀旋睹，莲花香馥郁先闻。须臾宝塔豁开，法身如故，眼半合而珠光欲转，口微启而珂雪密排，髭发复生，手足犹软，放神光于方丈，晃耀移时；兴瑞雾于周回，氤氲永日。即道即俗，观者数千，灵异既彰，寻乃具表奏闻。敕旨宣令李托部署人船，往云门修斋迎请。天吴息浪，风伯清尘，直济中流，俄达上国。敕旨于峄崃步驻泊。翌日，左、右两街诸寺僧众，东、西教坊，四部伶伦，迎引灵龛入于大内，锣钹铿锵于玉阙，幡花罗列于天衢。圣上别注敬诚，赐升秘殿。大陈供养，叠启斋筵。排内帑之瑰珍，馔天厨之蕴藻，列砌之骊珠斛满，盈盘之虹玉花明，浮紫气于皇城，炫灵光于清禁。圣上亲临宝辇，重换法衣，谓侍臣曰："朕闻金刚不坏之身，此之谓也。"于是许群僚士庶，四海蕃商，俱入内庭，各得瞻礼。瑶林畔千灯接昼，宝山前百戏联宵。施利钱银，不可殚纪。以十月十六日乃下制：曰"定水澄源，火莲发艳，夙悟无生之理，永留不朽之名。万象都捐，但秘西乾之印；一真不动，惟传南祖之灯。韶州云门山证真禅寺匡真大师，早契宗乘，洞超真觉。虽双林示灭，十七年靡易金躯；只履遗踪，数万里应回葱岭。朕显膺历数，缵嗣丕图，洎三朝而并切皈依，乃一心而不忘回向。仰我师而独登果位，在冲人而良所叹嘉。宜行封赏之文，用示褒崇之典，可赠'大慈云匡圣弘明大师'，证真禅寺宜升为大觉禅寺。"重臣将命，乳奠坤仪，太常行礼于天墀，纶诰宣恩于云陛。固可冥垂慈贶，密运神通，资圣寿于延长，保皇基于广大。师在内一月余日，圣泽优隆，七宝装龛，六铢裁服，颁赐所厚，今古难伦。①

在文偃禅师顺寂后的四十五日，南汉文采出众的大臣雷岳撰写了《云门山光泰禅院匡真大师行录》，真实地记录了云门禅师的一生行谊。《云门行录》中将文偃禅师的一生主要分为以下几个重要阶段：一是依空王寺志澄律师出家，数年"赜穷《四分》旨"；二是于睦州陈尊宿处因缘开悟，"咨参数载，深入渊微"；三是于福建雪峰义存处获得印可，"温研积稔"后得嗣其法脉；四是别雪峰出岭，"遍谒诸方"后"世所盛闻"；五是最后驻锡广东灵树，后徙居云门传法，创建云门宗。这一行录是现存最早的云门文偃禅师的传记。据《南汉书》中载：

雷岳，不知何地人。少绩学，能词章，尤工骈偶文。乾和末，历官御书院给事，才名雅为中宗所知。朝廷有大著作，多出其手。

先是，韶州证真寺僧文偃，自高祖时屡加钦重，至是，死。其徒将葬之，乞铭。中宗允所请，命岳撰身《塔铭》，词极宏赡。抄

---

① 岑学吕编，仇江整理：《云门山志》，上海古籍出版社 2014 年版，第 181—182 页。

诵者踵门，一时纸贵。[①]

此后，雷岳又撰写了《大汉韶州云门山光泰禅院故匡真大师实性碑并序》，并于南汉大宝元年岁次戊午年（958）十二月一日刻石立碑。964 年，陈守中撰《大汉韶州云门山大觉禅寺大慈云匡圣宏明大师碑铭并序》，撰成后上呈南汉后主刘鋹，刘鋹命以原文刻石立碑。据《南汉书》陈守中传云：

> 守中博览群籍，富赡词翰，著作为当时词臣之冠。生平最精通内典。大宝七年，升云门山证真寺为大觉禅寺，命撰碑记，多至三千余言，末云："臣才异批沙，学同铸水，虔膺凤旨，纪实性以难周，愧匪雄词，勒贞珉于不朽。"撰成进上，后主大喜，即命以原文镌于石，厚予赏赍。[②]

雷岳的《云门行录》《实性碑》和陈守中的《碑铭》成为我们了解云门文偃禅师生平的最早资料。赞宁作《宋高僧传》，并未为云门文偃禅师立传，而关于未立传的缘由，慧洪曾提供了一种解释的理由，在《题珣上人僧宝传》中，他曾回忆说：

> 初游吴，读赞宁宋僧史，怪不作云门传。有耆年曰："尝闻吴中老师自言尚及见，宁以云门非讲学，故删去之。……于是喟然而

① （清）梁廷枏：《南汉书》，广东人民出版社 1981 年版，第 68 页

② （宋）赜藏主编集：《古尊宿语录》（上），中华书局 1994 年标点本，第 68 页。

念云门不得立传……自是始有撰叙之意。”[1]

四 演雪峰法，奏云门一曲

开创云门宗的文偃禅师说法三十余年。关于文偃禅师的嗣法归属，各种文献中均记载他说雪峰法。如雷岳《实性碑》中说：“师于是踞知圣筵，说雪峰法。”[2] 陈守中《碑铭》中说：“师据知圣筵，说雪峰法。”[3]《景德传灯录》中说：“师不忘本，以雪峰为师。”[4]《祖庭事苑》中说：“由是大唱雪峰之道于天下。”[5] 可见，认为文偃禅师大弘雪峰法，这在禅史上是确切无疑的。有疑问的则是文偃禅师开创的云门宗到底是属于青原行思——石头希迁系，还是南岳怀让——马祖道一系。

一般认为，云门文偃的嗣法系统属于青原行思——石头希迁一脉，是青原下第六世，其法系是这样的：青原行思—石头希迁—天皇道悟—龙潭崇信—德山宣鉴—雪峰义存—云门文偃。但也有学者认为云门宗属马祖道一一脉，如近人蒋维乔撰《中国佛教史》中即把云门宗归为马祖道一之江西宗的门下。蒋维乔的理由是：“《景德传灯录》以天王道悟出石头下，《传法正宗记》等皆采之；但据丘玄素所撰碑文，则道悟明为马祖嗣法，参于马祖之前，一谒石头，因不投机，去而受马祖之教，故今仍其说。”[6] 事实上从北宋开始，禅门内部就有关于云门宗到底是属于

① 《石门文字禅》卷二六，《嘉兴藏》第23册，第705页中。

② 岑学吕编，仇江整理：《云门山志》，上海古籍出版社2014年版，第173页。

③ 同上书，第179页。

④ （宋）道元辑：《景德传灯录》（下），海南出版社2011年点校本，第604页。

⑤ 《祖庭事苑》卷一，《卍新纂续藏经》第64册，第314页上。

⑥ 蒋维乔：《中国佛教史》，上海古籍出版社2007年版，第147页。

青原系还是南岳系的分歧，宋僧智昭在《觉梦堂重校五家宗派序》中说：

> 皇朝景德间吴僧道原集《传灯》三十卷，自曹溪下列为两派：一曰南岳让，让出马大师；一曰青原思，思出石头迁。自两派下又分五宗。马大师出八十四员善知识，内有百丈海，出黄蘗运、大沩祐二人。运下出临济玄，故号临济宗。佑下出大仰寂，故号沩仰宗。八十四人又有天王悟，悟得龙潭信，信得德山鉴，鉴得雪峰存，存下出云门宗、法眼宗。石头迁出药山俨、天皇悟二人，悟下得慧真，真得幽闲，闲得文贲便绝。唯药山得云岩晟，晟得洞山价，价得曹山寂。是为曹洞宗。今传灯却收云门、法眼两宗，归石头下误矣。①

而之所以有这一分歧的关键，智昭认为，是在云门宗的嗣法传承关系中的道悟其实有两位：一位是嗣法石头的天皇道悟，另一位是嗣法马祖的天王道悟。智昭说：

> 缘同时道悟有两人：一曰江陵城西天王寺道悟者，渚宫人，崔子玉之后，嗣马祖，元和十三年四月十三日化。正议大夫丘玄素撰塔铭，文几千言，其略云。马祖祝曰："他日莫离旧处。"故还渚宫。一曰江陵城东天皇寺道悟，婺州东阳人，姓张氏，嗣石头，元和二年丁亥化。律师符载所撰碑。二碑所载，生缘出处甚详。但缘

① 《觉梦堂重校五家宗派序》，《大正藏》第48册，第328页中。

道原采集《传灯》之日，非一一亲往讨寻，不过宛转托人捃拾而得，其差误可知也。①

宋属临济宗的达观昙颖集《五家宗脉》、属临济宗下黄龙系的觉范慧洪作《林间录》、明瞿汝稷作《指月录》都承袭此说，而《祖堂集》《宋高僧传》和《景德传灯录》都以道悟为石头门下。由是禅史上关于云门宗到底归属南岳系还是青原系便成为一段公案，历来聚讼不已。因为主云门宗属南岳系的依据是唐丘玄素的《天王道悟禅师碑》，所以也有学者考证此碑为伪撰。元僧致祐《大元延祐重刻人天眼目后序》中说：

然其元本排列，五宗亦失师承次第，今改正之。初列临济、沩仰，盖此二宗，同出南岳马祖下。次列曹洞、云门、法眼，盖此三宗，同出青原石头。又近世有人假托丘玄素之名，伪撰江陵城西天王寺道悟禅师碑，载天王嗣马祖，接龙潭、德山、雪峰，遂移云门、法眼二宗，过马祖下者，极可笑也。按荆州新旧图志，并无城西天王寺，其伪碑妄天王因缘语句，尽是城西白马寺昙照禅师事实。②

据致祐考证，认为《天王道悟禅师碑》是有人假托丘玄素之名伪撰的，所依据的素材则是江陵（今湖北荆州）城西白马寺昙照禅师的生平

① 《觉梦堂重校五家宗派序》，《大正藏》第48册，第328页中—下。
② 《大元延祐重刻人天眼目后序》，《大正藏》第48册，第333页中。

事迹。印顺法师在《中国禅宗史》一书中也指出丘玄素所撰《天王寺道悟碑》是伪撰，但同时认为："依符载碑、《宋僧传》及洪州与菏泽门下的早期传说，足以充分证明与道一有关，不能说专属石头门下。"①

其实客观地说，南岳系与青原系门下的禅僧之间的界限并不是楚汉分明的，包括文偃禅师在内。如果站在宗法正统观念的角度来看文偃禅师的师承法脉关系，云门宗属于青原系，但在文偃禅师行脚游方以及创建云门宗的过程中，也确实得到了许多南岳系禅师的帮助，其中对他影响最深、帮助最大的当是睦州陈尊宿和灵树如敏这两位南岳系的禅师。因此关于文偃禅师的法系之争，也有学者认为，这是禅宗史上洪州系向石头系转变的一个重要标志。杜继文先生等认为："按文偃法系，实属百丈怀海，在雪峰门下时间不长。后来'据知圣（如敏）筵，说雪峰法'，全然抛开百丈血脉，是禅宗史上洪州系向石头系转变的一个重要标志。这种转变，很难找出理论或宗旨上的原因。"②

其实对云门宗法脉归属问题的分歧，是北宋以后禅宗五家内部的门户之争，正如杜继文先生所指出的，很难找到理论和宗旨上的原因，但这并不意味着云门宗与其他四宗无差别。我们知道，晚唐五代时期，禅门的沩仰宗、临济宗、曹洞宗、云门宗和法眼宗五家相继创立，见于《坛经》中的"一花开五叶，结果自然成"这句达摩偈语终于应验了。作为慧能南宗禅"直指人心""见性成佛"佛学思想的一脉相承者，云门禅与其他四宗禅法的区别处，主要在于门庭施设，即传法和接引学人的方法之不同。周裕锴先生指出："其实，五家基本思想还是遵循'直

① 印顺：《中国禅宗史》，江西人民出版社2007年版，第317页。

② 杜继文、魏道儒：《中国禅宗通史》，江苏人民出版社2007年版，第376页。

指人心，见性成佛’的宗旨，其主要歧异更多地表现在如何阐释这一宗旨方面，‘师唱谁家曲？宗风嗣阿谁？’这两句在五代流行开来的话头，充分说明宗风嗣法‘谁家’主要在于‘唱谁家曲’即采用‘谁家’的言说方式。”①

关于云门禅的言说特点，禅史上往往用“云门一曲”来描述。“云门一曲”出自云门禅师和学人之间的对机问答。据《对机》中记载：

> 问：“如何是云门一曲？”师云：“腊月二十五。”进云：“唱者如何？”师云：“且缓缓。”②

所谓“云门一曲”，主要是喻指云门宗风之艰深玄奥，非寻常人所能理解。因为云门曲原为华夏古乐曲之名，曲调艰深，歌者难咏唱，闻者亦难以领受。而云门宗祖文偃之家风，也向以难以理解著称。如《五家宗旨纂要》中就说：

> 云门宗风，出语高古，迥异寻常。北斗藏身，金风露体，三句可辨，一镞辽空，超脱意言，不留情见，以无伴为宗，或一字，或多语，随机拈示明之。③

禅林遂借云门曲之名以喻之。在谈到云门宗风的特点时，法眼文益

① 周裕锴：《禅宗语言》，浙江人民出版社1999年版，第55—56页。

② （宋）赜藏主编集：《古尊宿语录》（上），中华书局1994年标点本，第255页。

③ 《五家宗旨纂要》卷三，《卍新纂续藏经》第65册，第279页下。

禅师的《宗门十规论》中曾将其概括为“涵盖截流”，法演禅师评之为“红旗闪烁”，强调言悟顿机的门风。所以禅林又有“云门天子”的说法，指文偃接引学人的话语方式，犹如天子的诏书一样一次即决，不需要反复问答，让人毫无犹豫之余地。据《云门广录》记载，当学人问：“如何是和尚家风”时，文偃禅师或回答说：“有读书人来报。”[①] 或回答说：“皮枯骨瘦。”[②] 这种答语方式“以简洁明快、不可拟议的手法破除参禅者的执着，返观自心”，所以“云门宗既不像临济宗那样棒喝峻烈，也不像曹洞宗那样丁宁绵密，而是以激烈的言辞，指点迷津，剿绝情识妄想”。[③] 所以陈守中在《碑铭》中总结云门文偃禅师的宗风特色时说：

> 师禅河浩淼，闻必惊人。有问禅者，则云“正好辩”。有问道者，则云“透出一字”。有问祖师意者，则云“日里看山”。凡所接对言机，大约如此。[④]

云门大师的说法语句被其弟子及再传弟子整理成语录三卷，即《云门匡真禅师广录》。而其最早形态则是以纸衣录的形式出现的。据慧洪《林间录》记载：

> 云居佛印禅师曰：“云门和尚说法如云，绝不喜人记录其语，

---

① （宋）赜藏主编集：《古尊宿语录》（上），中华书局1994年标点本，第261页。
② 同上书，第262页。
③ 吴言生：《禅宗诗歌境界》，中华书局2001年版，第154页。
④ 岑学吕编，仇江整理：《云门山志》，上海古籍出版社2014年版，第180页。

见必骂逐曰：‘汝口不用，反记我语，他时定贩卖我去。’今对机室中录，皆香林、明教以纸为衣，随所闻，随即书之。”后世学者，渔猎文字语言中，正如吹网欲满，非愚即狂，可叹也。①

所谓纸衣就是纸制的衣服，僧人中多着此衣。据宋代苏易简的《文房四谱》中《纸谱》记载：“山居者常以纸为衣，盖遵释氏云‘不衣蚕口衣’者也。然服甚暖，衣者不出十年，面黄而气促，绝嗜欲之虑，且不宜浴，盖外风不入而内气不出也。亦尝闻造纸衣法，每一百幅用胡桃、乳香各一两煮之。不尔，蒸之亦妙。如蒸之，即恒洒乳香水，令热熟阴干，用箭干横卷而顺蹙，然患其补缀繁碎。今黟歙中有人造纸衣段，可如大门阖。近士大夫征行亦有衣之，盖利其拒风于凝沍之际焉。”② 在文偃禅师说法时，作为侍者的香林澄远等弟子偷偷地将老师的说法择要记录在自己所穿的纸衣上，后来被云门宗后学整理成现在我们看到的三卷本《云门匡真禅师广录》。

值得注意的是，说法如云的文偃禅师为什么反对弟子记录其语言？这是因为禅宗的精神是崇尚不立文字、直指人心的。因为对作为整体性的内在之禅理的体验，实质是一个活生生的当下生命个体的纯粹精神之体验，是无法用语言文字加以描述的，而且一旦付诸语言文字，就是局部的外在之表现了。更重要的是，禅师们认为，如果把禅的精神落在语言文字上，那些陷于言语葛藤中的学僧论僧就会受到语言文字的束缚。正如文偃禅师在开堂讲法时所说的：

---

① 《林间路》上，《卍新纂续藏经》第87册，第248页中。

② （宋）苏易简：《文房四谱》卷四，文渊阁《四库全书》第843册，第44页上。

夫唱道之机，固难谐剖。若也一言相契，犹是多途，况复忉忉，有何所益？……然一乘圆顿也大难明，直下明得，与衲僧天地悬殊。若向衲僧门下，句里呈机，徒劳伫思。门庭敲磕，千差万别。拟欲进步向前，过在寻他舌头路布。从上来事合作么生？向者里道圆道顿，得么？者边那边，得么？莫错会好。莫见与么道，便向不圆不顿处卜度。者里也须是个人始得。莫将依师语、相似语、测度语，到处呈，中将为自已见解，莫错会。①

事实上，在禅师看来，为学人道一句禅法真谛并不难，只不过应该在说完之后就必须不假思索地抓住它的意义，这样才可以实现觉悟。相反，如果陷入对禅师所说话语的思量之中，便拟心即差，所以最好是别寻他舌头路布，而是有自已的见解，免得相互连累。

既然祖师说法被视为“舌头路布”，那么弟子为什么还要记录其言语？最主要的目的在于卫法。正如《灵树远禅师云岩集》卷下中所说：“诸佛世尊以一大事因缘出兴于世，欲令众生开示悟入，非言教曷以被遐荒亘古今，所以愤启悱发，首重当机，流演传宣，最尊结集。故香林、明教于云门室中衣楮袄窃书，古人卫法之心概可想也。”②

---

① （宋）赜藏主编集：《古尊宿语录》（上），中华书局 1994 年标点本，第 254 页。

② 《灵树远禅师云岩集》卷下，《嘉兴藏》第 34 册，第 386 页上。

第四章　云门禅法的弘扬及其传承

文偃禅师开创的云门禅法，既能随波逐流地应接学人，又能截断乾坤地恰当与药，最终实现学人对涵盖乾坤之真谛的自我觉悟，这让他的弟子满天下，既成就了云门禅师一代宗师的尊宿地位，也使他所开创的云门宗在赵宋一代成为禅宗的主要代表，对当时的丛林产生很大的影响。所以《禅林宝训》中如此称赞：

> 草堂谓空首座曰："自有丛林已来，得人之盛，无如石头、马祖、雪峰、云门，近代唯黄龙五祖二老。诚能收拾四方英俊衲子，随其器度浅深，才性能否，发而用之。譬如乘轻车驾骏驷，总其六辔，奋其鞭策，抑纵在其顾盼之间，则何往而不达哉。"①

① 《禅林宝训》卷三，《卍新纂续藏经》第64册，第1030页下。

一 云门文偃的主要嗣法弟子

文偃禅师在云门山开宗以后，四方弟子云集。他的主要嗣法弟子，据《景德传灯录》卷二十二、卷二十三中收录有五十一人，而据契嵩在《传法正宗记》中的记载，则一共有八十八人。这八十八位嗣法弟子应该是云门弟子中的佼佼者，他们在得法以后分头弘化，其行迹遍布于现在的广东、福建、江苏、四川、江西、湖南、湖北等省，使云门禅法大兴于中国。

文偃禅师门下亲传嗣法弟子众多，影响很大的也有不少。就当时影响而言，首推韶州白云祥和尚（或称白云子祥禅师）实性大师。而就在云门宗发展史上的影响而言，云门弟子中最著名的莫过于香林澄远、德山缘密、洞山守初、双泉师宽和巴陵颢鉴这五位禅师。云门法嗣荐福承古禅师就曾这样点评云门的弟子："且如往日亲见云门尊宿具大声价，莫若德山密、洞山初、智门宽、巴陵鉴。"[①] 圆悟克勤禅师在《碧岩录》中也说，云门门下"后出四哲，乃洞山初、智门宽、德山密、香林远，皆为大宗师"[②]。

（一）白云子祥禅师

《景德传灯录》和《传法正宗记》在介绍文偃禅师的法嗣时，都把韶州白云祥和尚实性大师排在首位。而雷岳在《实性碑》和陈守中在

① 《荐福承古禅师语录》，《卍新纂续藏经》第126册，第439页下。

② （宋）雪窦重显法师、圜悟克勤法师：《碧岩录》，东方出版社2013年版，第43页。

《碑铭》中都指出，文偃禅师最后付法于白云山实性大师志庠（即子祥）。[①]《云门行录》中则说："师自衡踞祖域，凡二纪有半，风流四表，大弘法化。禅徒凑集，登门入室者，莫可胜纪。今白云山实性大师乃其甲也。"[②] 按照记载，白云祥和尚在文偃禅师门下得法后住白云山，曾被广主刘氏召入府中说法，是当时云门门下影响较大的一位禅师。

白云祥和尚应该是云门门下较早离师分头弘化的禅师之一。他住白云山时，曾与云门文偃保持密切联系，被云门称赞为得法者。据《景德传灯录》记载，曾有僧来参学，他问僧："什么处来?"僧曰："云门来。"他便问："里许有多少水牛?"僧人回答曰："一两个。"他便说："好水牛。"又问僧："不坏假名而谈实相，作么生?"僧回答曰："这个是椅子。"他以手拨云："将鞋袋来。"僧无对。后文偃禅师闻之，乃云："须是他始得。"[③] 文偃禅师曾付法于白云子祥，但在文偃禅师顺寂后，众人的意见是子祥禅师已经传道育徒了，所以让法球继承文偃禅师的法席。《云门行录》中载："师先付法于弟子实性，俾绍觉场。佥议为实性已传道育徒，乃革命。在会门人法球以继师席。"[④]

从《景德传灯录》中所收录的语录中看，白云祥和尚确实是继承了云门宗的禅法特色，其接引学人的语句往往贯彻了"涵盖乾坤""截断众流"和"随波逐浪"这云门三句的基本精神。例如：

有僧问："祖意教意同别?"他说："不别。"僧便进一步追问："恁

① 岑学吕编，仇江整理：《云门山志》，上海古籍出版社2014年版，第175、180页。
② （宋）赜藏主编集：《古尊宿语录》（上），中华书局1994年标点本，第347页。
③ （宋）道元辑：《景德传灯录》（下），海南出版社2011年点校本，第741页。
④ （宋）赜藏主编集：《古尊宿语录》（上），中华书局1994年标点本，第347页。

么则同也。”他则说：“不妨领话。”

有人问：“即心即佛，示诲之辞。不涉前言，如何指教？”他说：“东西且置，南北作么生？”

有僧问：“如何是和尚家风？”他说：“石桥那畔有，这边无。会么？”僧则进一步说：“不会。”他便说：“且作丁公吟。”

有僧问：“衣到六祖，为什么不传？”他说：“海晏河清。”

有僧问：“从上宗乘，如何举扬？”他说：“今日未吃茶。”

白云祥和尚也曾对长连床上的“掠虚汉”进行过批评。他上堂谓众说：“诸人会么？但向街头市尾、屠儿魁脍、地狱镬汤处会取？若恁么会得，堪与人天为师。若向衲僧门下，天地悬殊。更有一般底，只向长连床上作好人去。汝道此两般人，那个有长处？”①

（二）香林澄远禅师

香林澄远禅师（908—987），四川绵竹人，俗姓上官，是文偃禅师的入室弟子。他幼年在成都真相院出家，十六岁受具足戒。离川后先入秦中一带游历，后曾游历四方参学，最后南越五岭，至韶州云门寺师事文偃禅师，始得开悟，因而得嗣云门禅法。曾为侍者侍奉文偃禅师达十八年之久。据圆悟克勤《碧岩录》中记载：

> 香林十八年为侍者，凡接他，只叫远侍者。远云：“诺！”门云：“是什么？”如此十八年，一日方悟。门云：“我今日更不

① （宋）普济：《五灯会元》（下），中华书局1984年标点本，第934页。

叫汝。”①

此后，澄远回到成都。当时占据四川的是以孟昶为王的后蜀国。当时，澄远先是住导江县迎祥寺天王院，后于宋太祖乾德二年（964）住持青城山香林禅院，并在那里弘扬云门禅法达四十余年。关于香林澄远的禅学思想，从《五灯会元》卷十五中所录的一段上堂讲法中可见一斑：

上堂：“是汝诸人，尽是担钵囊，向外行脚。还识得性也未？若识得，试出来道看。若识不得，只是被人热谩将去。且问汝诸人，是汝参学日久，用心扫地煎茶，游山玩水，汝且钉钉，唤甚么作自性？诸人且道，始终不变不异，无高无下，无好无丑，不生不灭，究竟归于何处？诸人还知得下落所在也未？若于这里知得所在，是诸佛解脱法门，悟道见性，始终不疑不虑，一任横行，一切人不奈汝何。出言吐气，实有来处。如人买田，须是收得元本契书，若不得他元本契书，终是不稳。遮莫经官判状，亦是不得。其奈不收得元本契书，终是被人夺却。汝等诸人，参禅学道，亦复如是。还有人收得元本契书么？试拈出看。汝且唤甚么作元本契书？诸人试道看。若是灵利底，才闻与么说著，便知去处。若不知去处，向外边学得千般巧妙，记持解会，口似倾河，终不究竟，与汝

① （宋）雪窦重显法师、圜悟克勤法师：《碧岩录》，东方出版社2013年版，第43—44页。

自己天地差殊。且去衣钵下体当寻觅看。若有个见处，上来这里道看，老僧与汝证明。若觅不得，且依行队去。”①

在上述言说中，澄远用“元本契书”来比喻本心本性，他的禅学思想基本上还是教人悟道见性必须从自身中求，切莫向外求索，否则就离自性天地悬殊。

后蜀灭亡后，宋太宗雍熙四年（987）二月，知府宋玽奏请澄远入住成都普安院。澄远将示寂，遂辞宋玽曰：“老僧行脚去。”有通判官员听了说：“这僧风狂，八十岁行脚去哪里？”宋玽则说：“大善知识，去住自由。”后澄远召集弟子说：“老僧四十年，方打成一片。”言讫坐逝，年八十岁。知府宋玽主持葬礼，将其安葬在香林院方丈之北。②

香林的弟子中以随州智门寺的光祚最为著名，而智门光祚门下最有名的就是名闻一时的雪窦重显。雪窦重显下有天衣义怀。天衣义怀下有慧林宗本和圆通法秀。慧林宗本下有大通善本。圆通法秀下有佛国惟白。智门光祚的另一弟子是延庆子荣，其下有圆通居讷。这些禅师在当时都名重一时，为丛林瞩目。所以，香林澄远一支往往被视为云门宗的正脉，其法嗣传承最为久远，对后世的影响也很大。③

① （宋）普济：《五灯会元》（下），中华书局1984年标点本，第939—940页。
② 同上书，第940页。
③ 蔡日新：《五家禅源流》，甘肃民族出版社2009年版，第438页。

香林澄远支传承世系略表

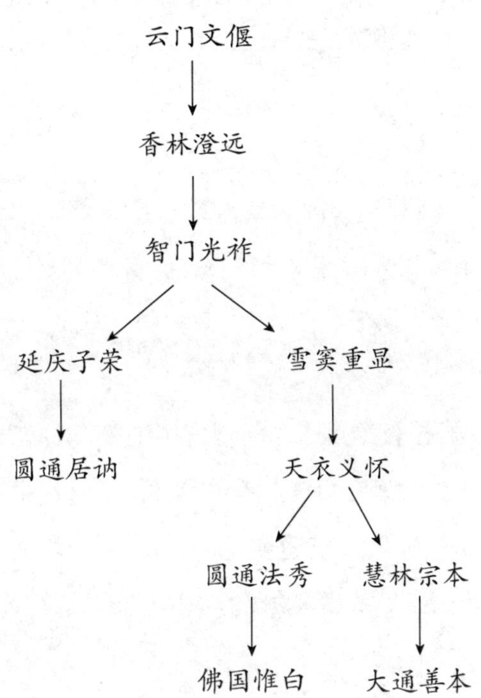

（三）德山缘密禅师

德山缘密禅师是云门文偃的高足，得法后出住德山。关于缘密的生平事迹，文献所记很略，《景德传灯录》卷二十二及《五灯会元》卷十五有传，其中《景德传灯录》中称德山在“朗州”①，《五灯会元》卷十五中则作“鼎州”②。

德山缘密以概括文偃禅师的禅法思想为“云门三句”而在云门宗史上著名。《万松老人评唱天童觉和尚颂古从容庵录》中就称他：“云门嗣

① （宋）道元辑：《景德传灯录》（下），海南出版社2011年点校本，第741页。

② （宋）普济：《五灯会元》（下），中华书局1984年标点本，第935页

中唯师传嗣最广。师创三句：涵盖乾坤，截断众流，随波逐浪。今传为云门三句者。”① 对于缘密所总结出的“云门三句”，《五灯会元》卷十五中这样记载：

上堂：“我有三句语示汝诸人：一句涵盖乾坤，一句截断众流，一句随波逐浪。作么生辨？若辨得出，有参学分；若辨不出，长安路上辊辊地。”②

缘密又作《颂云门三句语》分别来解释这三句的意义，并作《三句外别置一颂》来解释说，在机锋对答的具体勘辨过程中，不能机械地照搬这“三句”，而是应该通权达变地随机施设。除此之外，缘密还作《余颂八首》来进一步发挥云门文偃的禅学思想。这八首颂具体是：

褒贬句

金屑眼中翳，衣珠法上尘；已灵犹不重，佛祖为何人。

辨亲疏

黑豆未生前，商量已成颠；更寻言语会，特地隔西天。

辨邪正

罔象谈真旨，都缘未辨明；守他山鬼窟，不免是精灵。

---

① 《万松老人评唱天童觉和尚颂古从容庵录》卷三，《大正藏》第48册，第256页中。
② （宋）普济：《五灯会元》（下），中华书局1984年标点本，第935页。

通宾主

自远趋风问，分明向道休；再三如不晓，消得个非遥。

抬荐商量

相见不扬眉，君东我亦西；红霞穿碧海，白日绕须弥。

提纲商量

若欲正提纲，直须大地荒；欲来冲雪刃，不免露锋芒。

据实商量

睡来合眼饭来餐，起坐终须勿两般。同道尽知言不惑，十方刹土目前观。

委曲商量

得用由来处处通，临机施设认家风。扬眉瞬目同一眼，竖拂敲床为耳聋。①

除了概括“云门三句”并以颂的形式进一步发挥文偃禅师的禅学思想之外，德山缘密主张在参学古人现成公案语录中的“话头”时，应“但参活句，莫参死句”。据《五灯会元》卷十五中载：

① （宋）赜藏主编集：《古尊宿语录》（上），中华书局1994年标点本，第338—339页。

上堂："但参活句，莫参死句。活句下荐得，永劫无滞。一尘一佛国，一叶一释迦，是死句。扬眉瞬目，举指竖拂，是死句。山河大地，更无淆讹，是死句。"时有僧问："如何是活句?"师曰："波斯仰面看。"曰："恁么则不谬去也。"师便打。①

从上述公案中我们可以看出，德山缘密所理解的"参活句"之意涵，是在启迪学人应该透过古人的言说语言去体悟自心自性，不能被古人的言说语言所束缚。有僧问缘密："牛头未见四祖时如何?"缘密回答说："秋来黄叶落。"僧进一步问："见后如何?"缘密进一步答曰："春来草自青。"② 事实上，牛头无论见与不见四祖，他自己是本来具足佛性的，但因其并未觉悟到自己本心本性，所以未见四祖时，就如同"秋来黄叶落"，见四祖则是有了悟道因缘，因为四祖的指引而彻见自性，就如同"春来草自青"。就如同"牛头见四祖"一样提供一种悟道因缘而言，语言本身不是目的，所以要通过对语言的觉解认识到自心自性，方能解脱。这是德山缘密强调要"参活句"的精神所在。

德山缘密一支在云门宗史中也很重要，不仅仅因为缘密总结出了"云门三句"，也因为其门下到第四代出了一个佛日契嵩禅师，在契嵩的努力下，云门宗声势达到鼎盛阶段。

---

① （宋）普济：《五灯会元》（下），中华书局1984年标点本，第935页。

② 同上书，第936页。

德山缘密支传承世袭略表

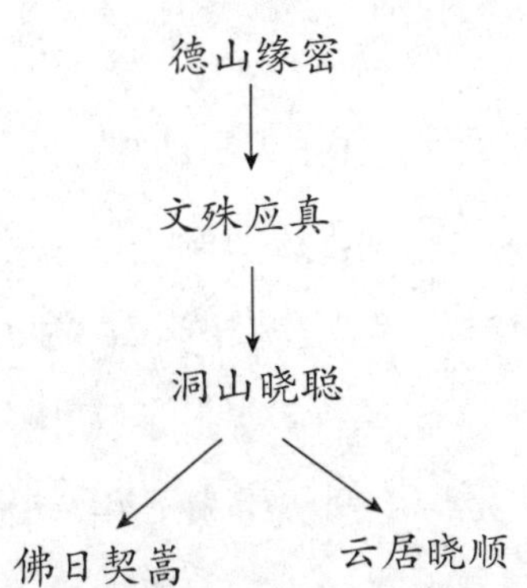

（四）洞山守初禅师

洞山守初禅师（910—990），凤翔（今属陕西）良原人，俗姓傅，自小有慧根，儿时闻钟梵声辄不食。年十六跪求母吕氏出家，母许之，便在渭州崆峒山依志稔剃发，后至泾州舍利寺从律师净圆受具足戒，学习戒律学。但他对律学不感兴趣旋弃去，开始在陕西、湖北和湖南等地行脚，后到韶州云门寺参谒文偃禅师，遂得开悟。《五灯会元》卷十五中载：

> 襄州洞山守初宗慧禅师，初参云门。门问："近离甚处？"师曰："查渡。"门曰："夏在甚处？"师曰："湖南报慈。"曰："几时离彼？"师曰："八月二十五。"门曰："放汝三顿棒。"师至明日，却上问讯："昨日蒙和尚放三顿棒，不知过在甚么处？"门曰："饭袋子，江西湖南便恁么去？"师于言下大悟。遂曰："他后向无人烟处，不蓄一粒米，不种一茎菜，接待十方往来，尽与伊抽钉拔楔，拈却炙脂帽子，脱却鹘臭布衫，教伊洒洒地，作个无事衲僧，岂不

快哉!”门曰:“你身如椰子大,开得如许大口。”师便礼拜。①

洞山守初“教伊洒洒地,作个无事衲僧”的思想得到文偃禅师很高的赞许。他得法后离开云门寺,往北到了襄汉一代,在后汉乾祐元年(948)担任洞山寺的住持。宋太宗太平兴国六年(981),宋太宗赐徽号以及紫袈来表彰他“辅助圣化”的功绩。守初禅师在洞山寺传法四十余年,道遍天下,于淳化元年(990)示寂,年八十一岁,僧腊六十有五。

与德山缘密一样,洞山守初也重视语言的“死句”与“活句”之分,主张参学“活句”,体现了云门文偃对待语言一贯的禅学观。关于洞山守初的禅学思想,《林间录》的作者慧洪禅师曾这样记载:

> 予建中靖国之初,故人处获《洞山初禅师语》一编,福严良雅所集,其语言宏妙,真法窟爪牙。大略曰:“语中有语名为死句,语中无语名为活句。未达其源者落在第八魔界中。”又曰:“言无展事,语不投机,乘言者丧,滞句者迷。于此四句语中见得分明也,作个脱洒衲僧。根椽片瓦粥饭因缘,堪与人天为善知识。于此不明。终成莽卤。”②

洞山守初的弟子主要有潭州福严寺的良雅,荆州开福寺的德贤等人。其中,福严良雅被列为守初门下第一位,是守初语录的编纂者。

---

① (宋)普济:《五灯会元》(下),中华书局1984年标点本,第940页。

② 《林间录》上,《卍新纂续藏经》第148册,第597页下。

洞山守初支传承世袭略表

洞山守初

↓

福严良雅

↓

古塔主承古①

（五）巴陵颢鉴禅师

巴陵颢鉴禅师，生卒年不详，居岳州巴陵（今湖南岳阳）新开院，故称为巴陵颢鉴。据《五灯会元》卷十五中载，颢鉴参云门时，云门文偃禅师曾举雪峰和尚说“开却门达摩来也”一句问什么意思，颢鉴回答说：“筑着和尚鼻孔。”云门问：“地神恶发，把须弥山一掴跳上梵天，拶破帝释鼻孔，你为甚么向日本国里藏身？”颢鉴回答曰：“和尚莫瞒人好。”云门进一步问：“筑着老僧鼻孔，又作么生？”颢鉴无语。云门因而曰：“将知你只是学语之流。”颢鉴住云门后不作法嗣书，只将三转语上云门。这三转语是：

> 僧问：“如何是道？”师曰：“明眼人落井。”问：“如何是吹毛剑？”师曰：“珊瑚枝枝撑著月。”问：“如何是提婆宗？”师曰：

① 即荐福承古。曾谒福严良雅，被收为入室弟子。但承古认为福严良雅“只是个洒脱衲僧”，所达境界有限，自己因读云门文偃语录而开悟，遂自称为文偃禅师的嗣法弟子，故《景德传灯录》《五灯会元》等禅宗灯史皆把他归为云门的嗣法弟子。

“银碗里盛雪。”①

其中，对于第一转语，保宁永曾颂云：“秋夜霜天月正明，仰观星象约三更。一条大路平如掌，归去何妨彻晓行。”对于第二转语，雪窦显曾颂云：“要平不平，大巧若拙。或指或掌，倚天照雪。大冶兮磨砻不下，良工兮拂拭未歇。别别！珊瑚枝枝撑着月。”对于第三转语，雪窦显曾颂云：“老新开，端的别，解道银碗里盛雪。九十六个应自知，不知却问天边月。提婆宗，提婆宗，赤幡之下起清风。”②

据说，巴陵颢鉴禅师就是凭借这三转语而深得其师云门文偃的器重。云门文偃对此三转语评价很高，他说：“他后老僧忌日，只消举此三转语，足以报恩。”③

（六）双泉师宽禅师

双泉师宽禅师，生卒年不详，因住随（亦作隋）州双泉山，故名“双泉师宽”。后住隋州龙居山智门寺，也称“智门宽”。有“明教禅师”的尊号，故也称“明教师宽”。据《指月录》记载，师宽初在云门时，一日闻白槌曰：“请师宽充典座。”师宽翻筋斗出众曰：“云门禅属我矣！”④《五灯会元》卷十五中载，师宽禅师游山回时，首座同众出接，首座说：“和尚游山，巇崄不易！”师宽提起拄杖说：“全得这个力。”首座夺了拄杖，而师宽也是放身便倒。大众皆进前扶起，师宽拈

---

① （宋）普济：《五灯会元》（下），中华书局1984年标点本，第936—937页。

② 《教外别传》卷一二，《卍新纂续藏经》第84册，第306页下。

③ （宋）普济：《五灯会元》（下），中华书局1984年标点本，第937页。

④ 《指月录》卷二一《随州双泉山师宽明教禅师》，《卍新纂续藏经》第83册，第635页中。

拄杖，一时趋散，然后回顾侍者说：“向道全得这个力。”① 从上述两段记述中，我们可以看出，双泉师宽可以说是云门文偃禅师门下性格比较突出的一位禅师，动不动就是翻跟头，或是放身倒地，颇具诙谐幽默的一面。

雪窦重显在总结云门文偃的禅法特点时说：“我爱韶阳新定机，一生与人抽钉拔楔。”② 云门宗的禅法特点就在“与人抽钉拔楔”上，双泉师宽也明显继承了这一宗风。如《五灯会元》中载：

> 师一日访白兆，兆曰：“老僧有个木鱼颂。”师曰：“请举看。”兆曰：“伏惟烂木一橛，佛与众生不别。若以杖子系着，直得圣凡路绝。”师曰：“此颂有成褫无成褫?”兆曰：“无成褫。”师曰：“佛与众生不别。聻!”侍僧救曰：“有成褫。”师曰：“直得圣凡路绝。聻!”当时白兆一众失色。③

双泉师宽门下最著名的法嗣是五祖师戒禅师。师戒禅师因住蕲州（今湖北）五祖山五祖寺，因而也被称为“五祖戒”，曾大振宗风。传说五祖戒是苏东坡的前身。据《乐邦遗稿》中引《龙舒净土文》说“五祖戒禅师乃东坡前身，应验非一。以前世修行故，今世聪明过人”④。五祖戒门下，经泐潭怀澄出大觉怀琏禅师。

---

① （宋）普济：《五灯会元》（下），中华书局1984年标点本，第938页。
② （宋）雪窦重显法师、圜悟克勤法师：《碧岩录》，东方出版社2013年版，第44页。
③ （宋）普济：《五灯会元》（下），中华书局1984年标点本，第938页。
④ 《乐邦遗稿》卷下，《大正藏》第47册，第247页下。

双泉师宽支传承世袭略表

双泉师宽
↓
五祖师戒
↓
泐潭怀澄
↓
大觉怀琏
↓
金山宝觉

二 云门宗在北宋的兴盛发展

随着赵宋王朝实现南北的统一并定都开封，原来盛行于南方地区的禅宗也开始向北方传播并形成全国性的影响。北宋时期最兴盛的禅宗派别则莫过于云门宗。宋初，禅宗五家中，沩仰宗已经断绝，曹洞宗勉强维持法脉，临济宗在汾阳善昭等一代人出现之前也并不兴盛，只有南方的僧团，即法眼、云门两宗保持着一定的势力。后来法眼宗式微，临济宗崛起，才形成了云门、临济二强的格局。可见，云门宗是宋初禅林中的主要流派，也是唐代禅宗和宋代禅宗的连接点。[①]

慧洪在禅宗分灯的基础上，依据昙颖《五家宗派》撰成《禅林僧宝传》，对唐末至北宋政和年间的五家禅发展均有所述，故能反映宋代禅宗发展的概貌。他说：

> 曹溪之道至南岳石头、江西马祖而分为两宗。云门、曹洞、法眼皆宗于石头，临济、沩仰皆宗于马祖，天下丛林号为五家宗派。嘉祐中，达观昙颖禅师尝为五家传略，其世系入道之缘，临终明验之效，但载其机缘语句而已。夫听言之道以事观，既载其语言，则当兼记其行事。因博采别传遗，编参以耆年宿衲之论增补之。又自嘉祐至政和之初，云门、临济两宗之裔，卓然冠映诸方者，特为之传。[②]

嘉祐（1056—1063）是北宋仁宗的年号，而政和（1111—1118）是北宋徽宗的年号。从慧洪的序言中我们可以看出北宋时期云门宗发展的兴盛局面，说云门宗裔“卓然冠映诸方”，而且在《禅林僧宝传》中特意为十五位云门僧人立传，就数量而言，仅次于临济宗的十七人，无疑显示出云门宗在当时流布的盛况。此外，孙觉在《玄沙师备禅师广录》的序言中也说：“近世言禅尤盛，而云门、临济独传。上自朝廷学士大夫，其下闾巷扰扰之人，莫不以禅相胜。”[③] 宋徽宗在《御制建中靖国续

① ［日］土屋太祐：《北宋禅宗思想及其渊源》，巴蜀书社2008年版，第118页。

② 《石门文字禅》卷二三《僧宝传序》，《嘉兴藏》第23册，第688页中。

③ 《玄沙广录序》，《卍新纂续藏经》第73册，第1页上。

灯录序》中也称：

> 自达磨西来，是为初祖，其传二、三、四、五，而至于曹溪，于是双林之道逾光，一滴之流浸广。自南岳、青原而下，分为五宗，各擅家风，应机酬对，虽建立不同，而会归则一，莫不箭锋相拄，鞭影齐施，接物利生，启悟多矣。源派演迤，枝叶扶疏，而云门、临济二宗，遂独盛于天下。①

云门宗盛行于北宋时期，与临济宗并为当时最兴盛的禅门宗派。而且两宗之间禅僧也多有交流，有云门一系的禅师甚至认为云门、临济两宗不分你我。云门宗佛觉晦堂的弟子圆通善国师与临济宗佛日禅师之间进行的一段对话就凸显了这一点。据《五灯会元续略》记载：

> 佛日自江右至燕，寓大圣安。一夕与佛觉晦堂夜话次，时师（指圆通善国师）年方十二。座右侍立。日曰："山僧自南方来，拄杖头不拨着一个会佛法者。"师叉手进曰："自是和尚拄杖短。"日大惊曰："可乞此子续吾临济一宗。"师曰："云门临济岂有二邪！"日称赏不已。②

据杨曾文先生指出，进入宋代以后，云门宗迅速传播，到云门下四、五、六三世的时候，大体上相当于仁宗朝中期至徽宗朝初期（约11

---

① 《御制建中靖国续灯录序》，《卍新纂续藏经》第78册，第640页下。

② 《五灯会元续略》卷二下，《卍新纂续藏经》第80册，第493页下。

世纪中叶至12世纪初)，得到了空前的发展。著名禅僧有属于云门下四世的佛日契嵩、天衣义怀、圆通居讷、育王怀琏、居山了元；下五世的慧林宗本、法云法秀；下六世的法云善本、法云惟白等。这些禅师或在州县形胜之地的寺院传法，或奉诏入京在皇家寺庙担任住持，与当时在中央或地方任职的儒家士大夫们有着密切的交往，并经常探讨天道性命等理学思想，从而使得云门宗进入极盛的发展时期。[①] 秦观《淮海集》卷三十三《庆禅师塔铭》云："自唐以来，禅家盛行于世者，惟云门、临济两宗。是时云门苗裔分据大刹，相望于淮浙之士。"[②] 云门宗传承至北宋时期其道大振，发展到南宋初年，身为径山寺住持的临济宗高僧大慧宗杲也不得不承认："今朝腊月二十五，诸方尽唱云门曲。"[③] 可见云门宗在当时的影响之大。

云门宗在北宋时期的盛行，首先与赵宋王朝的支持密不可分。宋仁宗庆历七年（1047)，太监林允宁奏请舍自己在京城的宅第为禅寺。宋仁宗有意扶持禅宗在京城传播，赐名"十方净因禅寺"，并批准欧阳修奏请召请云门宗禅僧圆通居讷入京担任住持。居讷禅师以疾辞让，改由怀琏代替。宋神宗元丰三年（1080）下诏将相国寺六十四院改建为八院：二禅院、六律院。其中二禅院是慧林禅院、智海禅院。宋仁宗曾诏云门宗禅僧宗本为慧林禅院住持，临济宗禅僧常总为智海禅院住持，但常总以年老辞不奉诏，遂诏云门宗僧人本逸为智海禅院住持。神宗之妹历封冀国、秦国、越国大长公主，与驸马都尉张敦礼在元丰五年

① 杨曾文：《宋元禅宗史》，中国社会科学出版社2006年版，第105—106页。

② （宋）秦观撰，徐培均笺注：《淮海集笺注》，上海古籍出版社1994年版，第1082页。

③ 《大慧普觉禅师语录》卷二，《大正藏》第47册，第818页下。

(1082)奏请建成法云禅寺，神宗诏云门宗僧人法秀入住传法。[①] 云门宗的禅僧通过重视和加强与赵宋皇室的亲密关系而扩大了云门宗在社会上的影响力。

究其根本，云门宗能够在北宋时期获得兴盛的发展，也与其思想获得了儒家士大夫们的欣赏和理解密不可分。对儒家士大夫来说，禅宗独特的思想特质和禅修方法，可以说是充满着莫大的吸引力和思想的诱惑的。正如葛兆光先生指出："禅林的清静闲适、禅僧的机锋警语、禅理的深奥玄妙、禅家的自我心理平衡的'悟'，对士大夫们充满了诱惑力，他们纷纷向禅宗靠拢，以禅为雅。……士大夫与禅宗的互相携手，一方面使禅宗身价百倍，势力达到了炽盛程度，另一方面也使禅宗越来越中国化。"[②] 而禅师们往往也主动参与到与儒家士大夫的交流对话中，通过加强对士林的影响而提升云门宗在社会上的影响和地位。例如，圆通居讷与欧阳修、佛印了元与苏东坡等人的密切交往。云门宗在北宋时期的兴盛，与这些禅师的努力是分不开的。这其中，雪窦重显大兴文字禅，实现了云门中兴；大觉怀琏入京传法，使云门宗在北方传播盛行开来；佛日契嵩倡导三教一致，越发使禅宗获得了广阔的发展空间和深厚的生存基础。

(一)雪窦重显的"云门中兴"

雪窦重显禅师(980—1052)，字隐之，宋太祖太平兴国五年(980)四月八日生于遂州(今四川)李氏，母文氏。据吕夏卿作《明州雪窦山资圣寺明觉大师塔铭》中载，重显"始生瞑目若寐，三日既浴，乃豁然

---

① 杨曾文:《宋元禅宗史》，中国社会科学出版社2006年版，第113—114页。

② 葛兆光:《禅宗与中国文化》，上海人民出版社1986年版，第32—37页。

而寤。屏去荤血，不习戏弄。七岁有僧过其门，挽持袈裟，喜不自胜”。可以说自出生以来，雪窦重显就频有亲近佛教的祥异行为，很小的时候就有了出尘的念头，据说重显“闻梵呗之声，辄泣下。父母问其故，恳请出家，父母执不可，师不食者累日。咸平中，终父母丧，诣益州普安院仁铣师，落发为弟子”①。《佛祖历代通载》卷十八中载他“幼精锐，读书知要，下笔敏速，然雅志丘壑，父母不能夺，依益州普安院仁铣为师，落发受具”②。

雪窦重显是在宋真宗咸平年间（998—1004）落发授业的。至于他发愿出蜀游方、参学诸方尊宿，则是受到了大慈寺僧元莹的点拨。他参学的第一站是石门聪禅师。据吕夏卿《塔铭》中载：

> 大慈寺僧元莹讲《定慧圆觉疏》，师执卷质问大义，至“心本是佛，由念起而漂沈”，伺夜入室请益，往复数四，莹不能屈。乃拱手称谢曰：“子非滞教者，吾闻南方有得诸佛清净法眼者，子其从之，彼待子之求也久矣！”师于是东出襄阳，至石门聪禅师之席。③

重显参学于石门聪禅师三年，可惜他们之间因缘不契，聪禅师遂指引雪窦参智门光祚。雪窦参光祚而得以开悟，遂嗣法于智门。对于这段经历，吕夏卿《塔铭》中载：

① 《明州雪窦山资圣寺明觉大师塔铭》，《大正藏》第47册，第712页中。
② 《佛祖历代通载》卷一八，《大正藏》第49册，第666页上。
③ 《明州雪窦山资圣寺明觉大师塔铭》，《大正藏》第47册，第712页中。

至石门聪禅师之席。居三岁机缘不谐，聪谕之曰："此事非思量分别所解。随州智门祚禅师，子之师也。"师乃徙锡而诣之。一夕，问祚曰："古人不起一念，云何有过?"祚招师前席，师摄衣趋进。祚以拂子击之，师未晓其旨。祚曰："解么?"师拟答次，祚又击之。师由是顿悟。①

重显悟道以后曾在庐山林禅师处举扬禅道，在池州景德寺为首座，此后又南游杭州、苏州等地，住持苏州洞庭翠峰。之后于宋真宗天禧五年（1021）移住明州（今浙江宁波）雪窦山资圣寺，并终老于此。在这里重显禅师弘法达三十一年，度僧七十八人，弟子中以天衣义怀为上首，于宋仁宗皇祐四年（1052）六月十日圆寂，故世称雪窦重显。重显住持翠峰时为苏州人所敬重，及移住雪窦时，"苏人固留不可，师曰：'出家人止如孤鹤翘松，去若片云过顶。何彼此之有?'"② 及住持资圣寺时，"宗风大振，天下龙蟠凤逸，衲子争集，号云门中兴"③。雪窦重显被视为云门宗中兴的禅师，以诗文著称，本人是文字禅的大师，他的弟子天衣义怀，使云门宗在士大夫中产生了很大的影响。黄启江先生说："（雪窦重显）是云门宗风大振江浙的功臣……北宋云门宗之'龙象'，自天衣义怀以下都是重显法嗣。其中多人入京传法，为宋宗室所尊礼，部分留住两浙，主持其地佛教，提倡宗乘，整饬丛林，居功甚伟。"④

雪窦重显是文字禅的大师，具有非常高的文学修养，平日言教往往

① 《明州雪窦山资圣寺明觉大师塔铭》，《大正藏》第47册，第712页中。

② 同上书，第712页下。

③ 《佛祖历代通载》卷一八，《大正藏》第49册，第666页中。

④ 黄启江：《北宋佛教史论稿》，台湾商务印书馆1997年版，第244页。

有“雪覆芦花欲暮天，谢家人不在渔船。白牛放却无寻处，空把山童赠铁鞭”① 一类非常优美的诗文隽语，而他的《颂古百则》更是成为宋代文字禅的代表。被视为禅门第一书的《碧岩录》就是以雪窦重显的《颂古百则》为骨骼架构的，而云门宗的诸多公案也成为《碧岩录》的主要组成部分。周裕锴先生说：“颂古作为有宋一代特有的体裁，比其他任何禅籍都更能体现整个时代‘以文字为禅’的特色，特别是北宋中期的雪窦重显把汾阳善昭注重的玄言演变成辞藻之学，更代表了宋代禅宗走向‘文字禅’的大趋势。”② 云门宗能够在北宋形成“中兴”局面，特别是在士大夫阶层影响深广，与雪窦重显和天衣义怀等继承了云门文偃的语言禅学，大兴文字禅有密不可分的关系。日本学者土屋太祐就说：“云门宗这种讲究语言的风格为后人所继，成为了他们的特点，也对宋代文字禅的流行产生了很大的影响。雪窦重显被称为云门宗中兴，他以诗文著称，是文字禅大师。他的各种著作都很流行，也对禅宗的语言产生了相当大的影响。”③ 文字禅的兴起，既增加了禅宗对于士大夫们的吸引力，也让禅师们能够更好地参与到与士林的交流中，很好地扩大了云门宗的影响。正如有学者所指出的：“随着文化语境的变迁，北宋禅宗如果延续晚唐五代时期粗鄙朴野的话语形式，势必遭到文人士大夫的冷落，而致边缘化的命运……因为北宋佛教的生存与发展，离开了士大夫的外护是很艰难的。既然禅宗主张应机设教，那就得放弃农禅话语，选择合于文人趣味的弘法方式，努力扩大禅宗在文人中的影响，以获得生

① （宋）普济：《五灯会元》（下），中华书局1984年标点本，第995页。

② 周裕锴：《文字禅与宋代诗学》，高等教育出版社1998年版，第37页。

③ ［日］土屋太祐：《北宋禅宗思想及其渊源》，巴蜀书社2008年版，第126页。

存的机遇。”①

继承了云门文偃禅师语言观的雪窦重显，对待语言文字的态度与文偃的态度是一贯的，既重视语言在接引学人悟解真谛过程中的作用，但也强调语言文字本身不是目的，不能执着于语言文字本身。正如忽滑骨快天所说：“重显的宗乘是令人自然常光现前，个个壁立千仞，直下无事去，妙圆超悟。惜哉！后人拈弄显颂古之葛藤，即言定宗，滞句迷源，却与显宗旨隔白云万里，不见其言云！举古举今，抛沙撒土，别有机关，合入无间地狱。拈举古则设机关而瞒学者底看话禅，此非显之罪人而何?”②

（二）大觉怀琏的“入京传法”

宋代云门宗在京城的兴盛始于云门下四世大觉怀琏禅师。③ 怀琏（1009—1090），字器之，漳州（今属福建）陈氏子，其母祈祷于泗州僧伽像而求得之，故小名泗州。怀琏自幼有远韵，聪慧绝人，长大出家为僧，善著诗文之名远近闻名。游方时喜爱南岳衡山的形胜，所以曾隐居衡山的三生藏多年，由此丛林称他为“琏三生”。④

南昌石门的怀澄禅师是五祖师戒的嫡传弟子，怀琏闻名前往参谒，并师事十余年，后游庐山圆通寺居讷禅师门下担任书记。宋仁宗庆历七年（1047），太监林允宁奏请舍自己在京城的宅第为禅寺，宋仁宗赐名曰“十方净因”，并诏求有道者为住持。宋仁宗皇祐二年（1050），欧阳

① 赵德坤：《指月与话禅——雪窦重显研究》，中国社会科学出版社 2014 年版，第 29—30 页。

② ［日］忽滑骨快天：《中国禅学思想史》，朱谦之译，上海古籍出版社 1994 年版，第 406—407 页。

③ 杨增文：《宋元禅宗史》，中国社会科学出版社 2006 年版，第 114 页。

④ 《禅林僧宝传》卷一八《大觉琏禅师》，《卍新纂续藏经》第 79 册，第 528 页中。

修等推荐圆通居讷禅师住持十方净因禅寺，居讷以生病为由婉拒并推荐怀琏，怀琏于是奉诏入开封住持十方净因禅寺。其中的缘由，据《佛祖统纪》卷四十五中所载：

自周朝毁寺，建隆兴复，京师两街，唯南山律部、贤首慈恩义学而已。士夫聪明超轶者皆厌闻名相之谈，而天台止观达磨禅宗未之能行。淳化以来，四明天竺行道，东南观心宗眼照映天下，杨亿、晁迥有以发之。真宗嘉奖锡以法智慈云之号，虽一时朝野为之景慕，而终未能行其说于京邑。至是内侍李允宁奏，以汴京第宅创兴禅席，因赐额为十方净因。上方留意空宗，诏求有道者居之。欧阳修等请以圆通居讷应命。讷以疾辞，因举怀琏以为代。①

怀琏住十方净因禅寺后，二月十九日于成化殿诏对宋仁宗。宋仁宗是佛学修为很高的一位皇帝，问佛法大义，怀琏奏对称旨，仁宗赐号“大觉禅师”，所以后世称“大觉怀琏”。斋饭完毕后，效法南方禅林仪范开演讲法。怀琏用富有文采的语言说法道：

古佛堂中，曾无异说；流通句内，诚有多谈。得之者妙用无亏，失之者触途成滞。所以溪山云月，处处同风；水鸟树林，头头显道。若向迦叶门下，直得尧风荡荡，舜日高明，野老讴歌，渔人鼓舞。当此之时，纯乐无为之化，焉知有恁么事。

---

① 《佛祖统纪》卷四五，《大正藏》第49册，第412页中。

据说，怀琏说法完毕后，宋仁宗大悦。此后宋仁宗与怀琏之间经常有问答诗颂往来，曾亲自手书十七篇赐给怀琏。宋仁宗至和二年（1055），怀琏上书献偈，乞归老山中，偈曰："千簇云山万壑流。归心终老此峰头。余生愿祝无疆寿，一炷清香满石楼。"宋仁宗看了后回复说："山即如如体也，将安归乎！"因而不许。怀琏居京师虽以出世法度人，而持律严甚，不仅为宋仁宗、英宗两代帝王所敬重，也为京城士大夫所钦慕，著名者如苏东坡在京城时就经常与怀琏交游。当时的名士孙觉（1028—1090）也曾就何谓"宗教"（此处指佛教）写信问过怀琏，怀琏曾专门作书信回复，此信的大意是以春夏秋冬四时的运行比喻不同时代文教的兴替发展。在怀琏看来，上古民心淳朴，所以有"三皇之教简而素"，此为春；此后民"情窦日凿"，所以有"五帝之教详而文"，此为夏；再之后是"时与世异，情随日迁"，所以有"三王之教密而严"，此为秋；秦汉以后，世风日下，所以有"我佛如来一推之以性命之理，教之以慈悲之行"，此为冬。最后怀琏的结论是："天有四时，循环以生成万物，而圣人之教，迭相扶持以化成天下，亦犹是而已矣！至其极也，皆不能无弊。弊，迹也；道，则一耳。"①

怀琏从人心变迁与文教变革之关系的角度解释了佛教的合法性，其说法中蕴含着儒佛道三教一致的思想，既是时代思潮的反映，也是为佛教争取更大发展空间的努力。可以说，正是由于怀琏的努力，云门宗开始在北宋京城兴盛起来，并以此为中心辐射北方。与怀琏属同辈的杭州灵隐寺契嵩在嘉祐六年（1061）入京上仁宗皇帝书时，在京所居住的场

① 以上主要据《禅林僧宝传》卷一八《大觉琏禅师》，《卍新纂续藏经》第79册，第528页。

所正是十方净因禅寺。在契嵩回杭州时，怀琏曾作《白云谣》诗赠他："白云人间来，不染飞埃色。遥烁太阳辉，万态情何极。嗟嗟轻肥子，见拟垂天翼。图南诚有机，去当六月息。宁知絪缊采，无心任吾适。天宇一何辽，舒卷非留迹。"①

宋英宗至平三年（1066），怀琏再次上书乞归山，态度特别坚决，英宗皇帝挽留不住，遂赐予手诏曰："大觉禅师怀琏受先帝圣眷，累锡宸章，屡贡欸诚，乞归林下，今从所请，俾遂闲心。凡经过小可庵院随他住持，或十方禅林不得逼抑坚请。"② 据说，怀琏虽携此东归，生前却从未将此诏示人。怀琏过长江后曾短期驻留金山、西湖等地，后归老于四明的阿育王山广利寺。当地人曾出资兴建大阁，用来收藏怀琏所带回来的宋仁宗所赐诗颂，名为"宸奎阁"。苏东坡于哲宗元祐四年（1089）以龙图阁学士知杭州，就曾应怀琏弟子所请，为宸奎阁撰写《明州阿育王广利寺宸奎阁碑》。怀琏归山后弘教二十余年，于宋哲宗元祐五年（1090）无疾而化，年八十二。

（三）佛日契嵩的"三教融合"

佛日契嵩（1007—1072），俗姓李，字仲灵，自号寂子、潜子，藤州镡津（今广西藤县）人，有《镡津文集》行世。契嵩从七岁开始出家，十三岁落发，十四岁受具足戒，十九岁开始到各地游方，后在洞山晓聪禅师处得法。在游方过程中，他曾游历至湖南江湘、南岳衡山一带，据《镡津明教大师行业记》中记载，他"下江湘，陟衡庐，首常戴

① 《镡津文集》卷一九，《大正藏》第52册，第747页中。
② 《释氏稽古略》卷四，《大正藏》第49册，第868页中。

观音之像，而诵其号日十万声，于是世间经书章句不学而能”①。这样的记述就已经让人惊奇了，而慧洪在《禅林僧宝传》卷二十七中更是详细记载了发生在契嵩禅师身上的一件异事：

> 时宁风有异女子姚，精严而住山，时年百余岁，面如处子。嵩造焉，女子留之信宿。中夜，闻池中有如戛铜器声。以问女子，女子曰：“噫！此龙吟也，闻者瑞征，子当有大名于世。行矣！无滞。”于是下沅湘，陟衡岳，谒神鼎諲禅师。諲与语奇之，然无所契悟。游袁筠间，受记莂于洞山聪公。嵩夜则顶戴观世音菩萨之像，而诵其号。必满十万乃寝。以为常，自是世间经书章句，不学而能。②

契嵩一生著述甚丰，有百余卷，共六十多万字。他的最主要著作是《辅教篇》，由《原教》《劝书》《广原教》《孝论》《坛经赞》和《真谛无圣论》组成，着重阐述“三教一致”的思想。之所以在这一时期契嵩提出了三教融合的思想，是因为当时正值宋仁宗开始减度僧尼，当时朝野上下排佛抑佛的声浪甚为高涨。而在思想上，从晚唐的韩愈开始，到被称为“宋初三先生”的胡瑗、孙复和石介等儒者，还有鼎鼎大名的欧阳修等士大夫都从儒家传统伦理观念出发，对佛教提出了严厉的批评，试图通过拒斥佛教而恢复儒学的正统地位。邓广铭先生就曾指出：“北宋一代，是儒家学者们的觉醒时期，当时绝大部分的儒家学者们，都在

① 《镡津明教大师行业记》，《大正藏》第52册，第648页上。
② 《禅林僧宝传》卷二七，《卍新纂续藏经》第79册，第544页下。

努力于振兴儒学，要使儒家学派的地位重新居于佛道两家之上，改变长期以来佛道两家的声势都凌驾于儒家之上的那种状态。”①

正是在这样的背景下，契嵩作文讨论儒佛思想的异同之处，进而阐明儒佛一致的思想，为调和佛儒的矛盾进行理论合法性的论证。据宋晓莹集《罗湖野录》中记载：

> 明教禅师嵩公，明道间从豫章西山欧阳氏昉，借其家藏之书，读于奉圣院。遂以佛五戒十善通儒之五常，著为《原教》。是时，欧阳文忠公慕韩昌黎排佛，盱江李泰伯亦其流。嵩乃携所业，三谒泰伯，以论儒释胳合，且抗其说。泰伯爱其文之高，服其理之胜，因致书誉嵩于文忠公。②

在《原教》中，契嵩推求先圣设教之本源。在他看来，“教”有“世间教”和“出世教”，其中，世间教指儒、道二教，为治世之教；出世教指佛教，为治出世之教，儒佛二教皆为圣人之教，目的都在于教导世人去恶从善，目的是一样的。在《孝论》中，契嵩将儒家的五伦观念与佛教的五戒作了相应的比附，进而论证儒家的纲常伦理与佛教的戒律精神是相通的。他说：“五戒：始一曰不杀，次二曰不盗，次三曰不邪淫，次四曰不妄言，次五曰不饮酒。夫不杀，仁也；不盗，义也；不邪淫，礼也；不饮酒，智也；不妄言，信也。是五者修，则成其人，显其亲，不亦孝乎？是五者有一不修，则弃其身，辱其亲，不亦不孝乎？夫

① 邓广铭：《宋史十讲》，中华书局2008年版，第115页。

② 《罗湖野录》，《卍新纂续藏经》第83册，第379页上。

五戒有孝之蕴，而世俗不睹，忽之而未始谅也，故天下福不臻而孝不劝也。”[①] 客观地说，契嵩这种调和儒家孝道与佛教戒律的做法迎合了北宋王朝重视佛教的基本态度。例如宋真宗就曾著《崇释论》说：“释氏戒律之书与周孔荀孟，迹异而道同，大指劝人之善，禁人之恶。不杀则仁矣，不盗则廉矣，不惑则信矣，不妄则正矣，不醉则庄矣。”[②]

为了从根本上论证“三教一致”的思想，契嵩从禅宗人人本具有清净之心的思想出发，以一“心”统摄三教宗旨。他说：“古之有圣人焉，曰佛，曰儒，曰百家，心则一，其迹则异。夫一焉者，其皆欲人之为善者也；异焉者，分家而各为其教者也。”[③] 正是在契嵩禅师“三教一致”思想的影响下，当时许多排佛的士大夫逐渐停止了排佛的言论。《镡津明教大师行业记》中说：“当是时天下之士学为古文，慕韩退之排佛而尊孔子。东南有章表民、黄鏊隅、李泰伯，尤为雄杰，学者宗之。仲灵独居，作《原教》、《孝论》十余篇，明儒释之道一贯，以抗其说。诸君读之，既爱其文，又畏其理之胜而莫之能夺也，因与之游。遇士大夫之恶佛者，仲灵无不恳恳为言之，由是排者浸止。”[④] 可以说，契嵩禅师正是通过自己三教融合的思想主张，为佛教在思想上努力争取合法的生存环境。

契嵩还曾著《传法正宗记》《传法正宗定祖图》和《传法正宗论》等来考证和阐述禅宗的传法世系。宋仁宗嘉祐六年（1061），契嵩携他的《原教论》《传法正宗记》和《传法正宗定祖图》等著作，离开杭州

---

① 《镡津文集》卷三，《大正藏》第52册，第661页中。
② 《佛祖统纪》卷四四，《大正藏》第49册，第402页上。
③ 《镡津文集》卷二，《大正藏》第52册，第660页上。
④ 《镡津明教大师行业记》，《大正藏》第52册，第648页中。

灵隐寺北上汴梁，与当时的士大夫官员韩琦、曾公亮、欧阳修等密切交往，获得了很高的士林声望。朝廷中自宰相韩琦以下，莫不尊重之。欧阳修也曾对韩琦说："不意僧中有此郎也！"① 后契嵩通过龙图阁直学士、权知开封府的王素，上书宋仁宗，请求将他的著作编入《大藏经》中。仁宗读后，对其奏书表示大加赞许。第二年，诏转中书府，经审阅后送传法院编入《大藏经》目录并刻印流通天下。为示褒奖，宋仁宗还赐予契嵩"明教"之号，并希望他留居京城悯贤寺为住持。但契嵩禅师辞谢不受，坚持回归杭州。先是入住钱塘佛日禅院数年，所以契嵩也以"佛日"为号，后终老于杭州灵隐寺。北宋熙宁五年六月初四日，契嵩禅师示化于灵隐寺，寿六十六，僧腊五十三。

三 云门宗的衰落及其原因

云门宗随着宋朝的兴盛而兴盛，但也随着宋朝的衰落而衰落。进入南宋后，云门宗就开始呈现衰落的趋势。《五灯会元》中记载云门世系的情况，其中云门第二代法嗣有十五位，第三代十二位，第四代十五位，第五代十五位，第六代十位，第七代十九位，第八代九位，第九代六位，到第十代和第十一代就都只有一位了。冯学成依据相关文献综合考证，作《云门宗历代传承世袭表》收录 1273 人②，其中：第二十世共 88 人，第三世共 84 人，第四世共 110 人，第五世共 200 人，第六世共 2014 人，第七世共 335 人，第八世共 182 人，第九世共 56 人，第十世

① 《镡津文集》卷一九，《大正藏》第 52 册，第 747 页下。

② 冯学成：《云门宗史话》，南方日报出版社 2008 年版，第 409 页。

共10人，第十一世共3人。云门宗从第八世开始就渐趋衰落，到第十一世后，法系则不可考证。所以明代的净柱撰《五灯会元续略》时说："云门宗自宋迄元，代不乏人。如圆通、善王、山济俱明眼宗哲，法席甚盛，但嗣法莫可考。岂深藏其德而不求著耶？抑末流闻见之不广也。阙所不知，冀有后获。"① 蒋维乔先生也指出："及宋都南迁，蒙古北入，云门宗遂致衰微；入元，其法系遂全不可考矣。"②

在谈到云门宗仅仅兴盛了两百年就衰落到法脉湮灭无闻的原因时，学者们认为主要原因在云门宗风险峻，倡导第一机的顿入，因而非上等根机之人则难以接受。《人天眼目》中说："大约云门宗风，孤危耸峻，人难凑泊，非上上根，孰能窥其彷佛哉！"③ 吴言生先生认为："一宗法脉仅延续了二百年，这主要是由于其机锋险绝，不容拟议，无路可通，非上等根机者难以悟入的缘故。"④ 这其实就是传法须"得人"的问题。佛日契嵩就曾从"得人"与否的角度探讨过宗派兴衰的原因。他在《传法正宗记》卷八中说：

> 正宗至大鉴传既广，而学者遂各务其师之说，天下于是异焉，竞自为家。故有沩仰云者，有曹洞云者，有临济云者，有云门云者，有法眼云者，若此不可悉数。而云门、临济、法眼三家之徒，于今尤盛，沩仰已熄，而曹洞者仅存，绵绵然犹大旱之引孤泉。然其盛衰者，岂法有强弱也？盖后世相承，得人与不得人耳。《书》

① 《五灯会元续略》，《卍新纂续藏经》第80册，第444页上。
② 蒋维乔：《中国佛教史》，上海世纪出版集团、上海古籍出版社2007年版，第212页。
③ 《人天眼目》卷二，《大正藏》第48册，第313页上—中。
④ 吴言生：《禅宗诗歌境界》，中华书局2001年版，第154页。

不云乎："苟非其人，道不虚行。"[①]

在契嵩看来，禅宗五家，法无强弱，之所以各有盛衰，在于后世传承过程中得人与否。百丈怀海大智禅师曾说："见与师齐，减师半德。见过于师，方堪传授。"[②] 宗门发展所赖当是见过于师的上根之人，这是很难得的。

历史上，盛极一时的云门宗仅仅数传之后就转衰了，其原因也可能与云门宗内部分禅僧之间"宗旨自封，互相诋訾"密不可分。据慧洪的记载："云门、临济两宗特盛于天下，而湖湘尤多。云门之裔，皆以宗旨自封，互相诋訾。"[③] 按照慧洪的观点，云门宗僧人主要多分布在湖湘（今湖南）一带，而且僧人之间往往"互相诋訾"。据学者的研究，北宋云门宗的思想中具有两种不同的特点：一个是葛藤禅，另一个是无事禅。[④]"葛藤"指的是啰唆的语言，葛藤禅则意味着讲究语言的禅风，代表禅师是嗣法于雪窦重显的天衣义怀，属文偃门下香林澄远支。雪窦重显和天衣义怀师徒明显继承了文偃禅师讲究语言的风格，注重运用语言的技巧来接引学人。这一风格遭到了同属云门宗的禅师的批评。如《大慧普觉禅师宗门武库》中载："云居舜老夫常讥天衣怀禅师说葛藤禅。一日闻怀迁化，于法堂上合掌云：'且喜葛藤桩子倒了也。'"[⑤] 舜老夫就是云居晓舜，是洞山晓聪的法嗣，属文偃门下德山缘密支。云居晓顺

① 《传法正宗记》卷八，《大正藏》第51册，第763页下。

② （宋）赜藏主编集：《古尊宿语录》（上），中华书局1994年标点本，第7页。

③ 《禅林僧宝传》卷一八《兴化铣禅师传》，《卍新纂续藏经》第79册，第529页中。

④ ［日］土屋太祐：《北宋禅宗思想及其渊源》，巴蜀书社2008年版，第118页。

⑤ 《大慧普觉禅师宗门武库》，《大正藏》第47册，第943页下。

禅师的禅风常常被说成为主张“无事禅”。《大慧普觉禅师宗门武库》中云：“翠岩真点胸，常骂舜老夫说无事禅。”① 《万松老人评唱天童觉和尚拈古请益录》第六十七则《僧问赵州》中引云居晓顺语：“舜老夫尝道：‘本自无事，从我何求？此谓之本分事。’”② 可见，云居晓顺所说的“无事”其意涵是“本分事”。所谓本分事，就是人人本有的光明佛性，个个自足，不需向外求索，只要随缘任运，当下自然就好。可以说这正是对文偃禅师“人人自有光明在”佛性思想的直接继承，“无事”在文偃禅师那里也是经常出现的说法。如果说雪窦重显、天衣义怀主要发挥了云门文偃禅师注重通过语言的艺术随机施设接引学人的施教方法的话，洞山晓聪、云居晓舜则主要继承了云门文偃禅师即事而发明本心的无事思想。前者可以说是依用归体，后者可说是从体起用，都是云门思想的体现，若一偏执着为教条则违背了文偃禅师的真精神。

尽管南宋以后的云门宗一蹶不振，在法嗣上代乏其人。然有宋以来，禅门大德多有阅云门文偃禅师语录而开悟者，云门文偃的思想并未失传，还是不断地为立志解脱生死的求道者们开示禅机。

① 《大慧普觉禅师宗门武库》，《大正藏》第47册，第945页下。

② 《万松老人评唱天童觉和尚拈古请益录》，《卍新纂续藏经》第67册，第491页下。

第五章 文偃禅师的禅学思想概述

云门宗在继承祖师门风的基础上形成自家特色的禅学思想。文偃禅师曾作《宗脉颂》曰：

如来一大事，出现于世间，五千方便教，流传几百年。
四十九年说，未曾忤出言，如来灭度后，付嘱迦叶边。
西天二十八，祖佛印相传，达摩观东土，五叶气相连。
九年来面壁，唯有吃茶言，二祖为上首，达摩回西天。
六祖曹溪住，衣钵后不传，派分三五六，各各达真源。
七八心忙乱，空花坠目前，苦哉明眼士，认得止啼钱。
外道多毁谤，弟子得生天，昔在灵山上，今日获安然。
六门俱休歇，无心处处闲，如有玄中客，但除人我山。
一味醍醐药，百病悉皆安，因缘契会者，无心便安禅。[①]

① （南唐）静、筠二禅师编撰：《祖堂集》下册，中华书局2007年标点本，第515—516页。

在偈颂中，云门叙述了禅宗的历史脉络谱系并阐述了他对禅之特质的理解，提出了“无心安禅”的禅学思想。整体来看，文偃禅师由雪峰义存、德山宣鉴、龙潭崇信、天皇道悟而上承石头希迁的宗风，在禅学思想上强调无心任自然、一切现成，在接引方式上则注重截断学人情思，促其无心自悟，并经门下弟子的敷扬而形成一家宗风。①

一 人人自有光明在

唐末五代以来的禅师经常举一些著名禅师的经典语录，或做出某些具有特殊启迪意义的动作等，以之作为判定是非、衡量迷误的准则来接引学人，勘辨禅徒，称为“公案”。“公案”原意指官府用以判决是非的案牍，禅宗将历代高僧言行记录下来作为坐禅者的指示，后学可依据之作为判断自已修行迷悟之准绳，故亦名之为公案。云门文偃禅师就是运用公案启迪学人的个中高手，《云门行录》中记载了大量他举古的各类公案。文偃禅师在接引学人时曾举过这样一则公案：

> 举长庆问秀才云：“佛教云：‘众生日用而不知。’儒书亦云：‘日用而不知。’不知个什么？”秀才云：“不知大道。”师云：“灼然不知。”②

① 洪修平：《中国禅学思想史》，中国人民大学出版社2007年版，第261页。
② （宋）赜藏主编集：《古尊宿语录》（上），中华书局1994年标点本，第299页。

这段公案是长庆和尚问一位秀才，说佛教有“众生日用而不知”的话语，儒家经典中也有“日用而不知”的话语，那么这个“日用而不知”的是什么？秀才回答说是“大道”。文偃禅师则点评说这个秀才是真的不知。那么，这个秀才灼然不知的是什么？在文偃禅师看来，其实就是人人不证自明的自性。

自性即佛性。佛教以成佛为最终目的。自竺道生倡“一切众生，皆有佛性，皆可成佛”以来，佛性论成为中国佛教的核心理论。所谓“佛性”即是成佛的可能性问题。佛教以为人人皆有佛性，人人皆可觉悟成佛。慧能禅宗继承了整个佛教的思想传统，提出了“见自性自净，自修自作自性法身，自行佛行，自作自成佛道”[①] 的成佛思想。在禅宗的实际创始人慧能那里，他认为人与佛的差别只在于“迷”和“悟”的不同，所谓“即烦恼是菩提。前念迷即凡，后念悟即佛”[②]。那么，什么是“迷”？所谓“迷”就是不识本心本性本来是佛。什么是“悟”？所谓“悟”就是自识本心本性本来是佛。所以慧能说：“识自本心，若识本心，即是解脱，既得解脱，即是般若三昧。”[③] 这样，人的本心本性就是成佛的依据，人与佛的根本差别在于是否认识到本心本性，所以说“佛是自性作，莫向身外求”。这里所说的人人本有的自性，在慧能南宗禅这里，指的是能够觉悟成佛的般若智慧，如慧能常说“菩提般若之知，世人本自有之”[④] “自有本觉性”[⑤] “般若无形相，智惠性即是”[⑥] 等。

① （唐）慧能著，郭朋校释：《坛经校释》，中华书局1983年版，第38页。
② 同上书，第51页。
③ 同上书，第60页。
④ 同上书，第24页。
⑤ 同上书，第44页。
⑥ 同上书，第51页。

在慧能南宗这里，所谓的佛性就是人人具有的觉悟性。这种觉悟之性能产生一种般若智慧，这种智慧能引导人认识到世间诸法性空假有之实相因而无所执着，从而实现彻底的觉悟而成就佛果。因而慧能禅师说："觉知生般若，除却迷妄，即自悟佛道成。"①

禅宗认为光明本性个个自足，但"为一切众生，自有迷心，外修觅佛，未悟本性"，所以要解脱就需要"于自心顿现真如本性"，"识心见性，自成佛道"。② 所以解脱归根到底就是要明悟自己的"初心"，所以禅宗往往也被称为"心的宗教"。正如洪修平先生指出的："惠能禅宗的解脱论又是围绕着自心的迷悟展开的，它的修行实践是建立在明心见性，识心自度，不假修习，顿悟成佛的解脱修行观之基础上的。把人的解脱归结为心的解脱，这本是佛教各派的解脱论始终坚持的一个基本观点，所谓'若心不解脱，人非解脱相应。……若心解脱，人解脱相应'，只要悟解万法虚幻，不为所累，通过内心的修持，即可解脱成佛。但后来的大乘佛教过多地发展了对万法虚幻性及解脱成佛可能性的理论论证，而惠能禅宗则直指人心，倡导顿悟，所谓'前念迷即凡夫，后念悟即佛'，更突出了佛教以'心的解脱'为本的'心的宗教'的特色。"③这一"心的宗教"以"无念"为宗旨，所谓"无念"，慧能说"于念而不念"④。而关于禅宗的宗旨，云门文偃禅师则进一步理解为"无心便安禅"。所谓"无心"，既是指无心可修，也是指心不执著。我们知道，慧能南宗禅以《金刚经》中一切皆空的般若性空思想来解佛性妙有之意，

---

① （唐）慧能著，郭朋校释：《坛经校释》，中华书局1983年版，第44页。
② 同上书，第58页。
③ 洪修平：《禅宗思想的形成与发展》，江苏古籍出版社2000年版，第235页。
④ （唐）慧能著，郭朋校释：《坛经校释》，中华书局1983年版，第31页。

不同于天台、华严以及北宗禅等诸宗以“如来藏自性清净心”来解释人人本有的觉悟之心，因而主张有个“真心”可修可证，南宗禅并不认为人心之中有个“真心”可以让我们去修去证，“它（慧能禅宗）又以般若学的无相之实相来贯通涅槃学的本净之心性，以般若学的遮诠方法来显自心佛性的真实性，使自心佛性不再是一个可以观、可以修的‘真心’，而是就体现在念念不断又无所执著之中，并且与宇宙万法的实相不异不二，它把真如佛性与主观人心相等同的目的就在于破除一切可以执著的东西，而把解脱之源指向人们当下不起任何执著的无念之自心”①。

慧能南宗所谓的本觉的“心”其实就是直指当下现实的每一念心，这也是文偃禅师的基本观点。例如当有人问：“如何是心?”文偃禅师云：“心。”进云：“不会。”文偃云：“不会。”进云：“究竟如何?”文偃咄云：“静处东行西行。”② 这个静处东行西行的“心”正是每个人的当下现实的每一念心，所以学人问“心”，文偃回答是“心”。学人说“不会”，文偃就回答“不会”，正是在启发学人明悟这一点。文偃禅师在游方行脚时，曾跟诸方尊宿谈论过“法身边事”与“法身向上事”。其实就宗门而言，法身也就是一切众生当下现实的每一念心，并不是离现实人心之外别有的一个真心本体，所以云门有“法身吃饭”的话头启悟僧徒：

师问僧：“法身还吃饭么?”僧云：“诸方老宿不肯，法身无形

① 洪修平：《禅宗思想的形成与发展》，江苏古籍出版社2000年版，第236页。

② （宋）赜藏主编集：《古尊宿语录》（上），中华书局1994年标点本，第267页。

无相，作么生吃？”师云：“与么道，梦见法身么？”僧云：“有不肯处作么生？”师云：“自不知。”乃云：“法身吃饭。”又代云：“将谓有衲僧孔窍，犹是泼屎泼尿。”复云：“灼然。百千人中未有一人到此境界。”①

其实在佛性问题上，包括云门宗在内的禅门五宗并没有理论上的重大差异，基本上都是继承和发挥了慧能的思想，都属曹溪一路。云门文偃禅师就在开堂讲法或者接引学人的不同场合中，多次用“人人自有光明在”这样的话语表达了觉性本有的佛性理论。如：

上堂云：“人人自有光明在，看时不见暗昏昏。”便下座。②

或云：“古人道：‘人人尽有光明在，看时不见暗昏昏。’作么生是光明？”代云：“厨库、三门。”③

光明喻指人人具有的自性或佛性。厨库、三门是每个寺庙都有之物，文偃禅师以此来比喻光明自性人人尽有。这是对慧能“世人性净，犹如青天，惠如日，智如月，知惠常明”④ 思想的发挥与注解。此外，文偃禅师立足于人人都有佛性，人人皆可成佛的佛性理论，在说法时就曾根据听法对象之不同，着重从人人皆有佛性的角度宣扬人人普遍平等的思想。当有州主何公礼拜云门禅师，并希望获得禅师的教诲时，云门

① （宋）赜藏主编集：《古尊宿语录》（上），中华书局1994年标点本，第330页。
② 同上书，第276页。
③ 同上书，第307页。
④ （唐）慧能著，郭朋校释：《坛经校释》，中华书局1983年版，第39—40页。

禅师告诉他："目前无异草。"[1] 当有人问"跉跰之子，如何进步"时，云门告诉他："目前不辨。"[2] 既然人是普遍平等的，自然就应该平等地对待每一个人，特别是对于那些当权者而言。因为他们处理的事业多数都是面向大众的，更应该有慈悲平等之心。

既然人人本性清净，智慧常明，佛与众生的差别只在迷悟不同，所以解脱其实也是很简单的事，正如文偃禅师所说，是"大用现前，更不烦汝一毫头气力，便与祖佛无别"，因为个个自足。文偃禅师上堂说法时就多次向学徒信众宣传这一思想。如云门上堂说：

> 却须退步向自己脚根下推寻，看是什么道理。实无丝发许与汝作解会、与汝作疑惑。况汝等且各各当人，有一段事，大用现前，更不烦汝一毫头气力，便与祖佛无别。自是汝诸人信根浅薄，恶业浓厚，突然起得，如许多头角。担钵囊千乡万里受屈作么？且汝诸人有什么不足处？大丈夫汉阿谁无分？独自承当，尚犹不著，便不可受人欺瞒，取人处分。[3]

文偃禅师反问向他寻求解脱之道的僧徒："汝诸人有什么不足处？"是啊，我们跟佛祖相比有什么不足的？实在是没有什么不足的。既然没有什么不足，解脱当然就需要向自己脚跟下推寻。文偃禅师在平常说法时，就经常会运用不同的机锋点拨学人悟解这一道理。例如：

---

① （宋）赜藏主编集：《古尊宿语录》（上），中华书局1994年标点本，第254页。

② 同上书，第264页

③ 同上书，第258页。

问："如何是佛法大意?"师云："来锋有路。"问："如何是学人转身处?"师云："利。"问："一口吞尽时如何?"师云："我在汝肚里。"进云："和尚为什么在学人肚里?"师云："还我话头来!"①

在这里，文偃禅师的本意是通过机锋间的问答，引领学人领悟真正的"我"（即佛）就在学人自己身中，就是学人自己，不需要向外求索。所以当有人问："如何是学人自己"时，文偃禅师就会指示说："一佛二菩萨。"② 文偃禅师也曾多次用"皈依佛法僧"的话头来启悟学人。例如：

师有时云："要识祖师么?"以拄杖指云："祖师在你头上勃跳。要识祖师眼睛么？在你脚跟下。"又云："这个是祭鬼神茶饭。然虽如此，鬼神也无厌足。"师有时云："若说菩提涅槃、真如解脱，是烧枫香供养你。若说佛说祖，是烧黄熟香供养你。若说超佛越祖之谈，是烧瓶香供养你。归依佛法僧。下去!"③

"皈依佛法僧"这是六祖慧能的教法。慧能大师在说法时曾劝善知识皈依"佛""法""僧"三宝。这三宝，慧能解释说："佛者，觉也；法者，正也；僧者，净也。"④ 大珠慧海禅师也曾解释说："心是佛，不

---

① （宋）赜藏主编集：《古尊宿语录》（上），中华书局 1994 年标点本，第 265 页。
② 同上书，第 266 页。
③ 同上书，第 284 页。
④ （唐）慧能著，郭朋校释：《坛经校释》，中华书局 1983 年版，第 46 页。

用将佛求佛；心是法，不用将法求法；佛法无二，和合为僧，即是一体三宝。”① 与其他教派相比，禅宗强调的是“自心皈依觉”，“自心皈依正”，“自心皈依净”，突出的是自性自度，学佛参禅只为自己解脱。文偃禅师在接引弟子时曾举玄沙师备禅师的一段语录来进行启迪：

举玄沙示众云：“诸方老宿尽道接物利生，忽遇三种病人来，作么生接？患盲者，拈槌竖拂他又不见；患聋者，语言三昧他又不闻；患哑者，教伊说又说不得。且作么生接？若接此人不得，佛法无灵验。”有僧请益师。师云：“你礼拜着。”僧礼拜起。师以拄杖便挃。僧退后，师云：“你不是患盲。”复唤近前，僧近前，师云：“你不是患聋。”乃竖起拄杖云：“还会么？”僧云：“不会。”师云：“你不是患痖。”其僧于此有省。②

玄沙说有患盲、患聋和患哑三种病人来访学，让他看，看不见；让他听，听不着；让他说，说不出来话，那么，祖师碰到这种情况应该以何种方式接引他们？一听文偃禅师这么说，就有僧人真的请教。文偃禅师用拄杖打、唤近前和竖起杖的随机应用告诉这位学僧，你不盲、不聋也不哑，不用替别人操心。于是我们也就可以理解下列这种经常发生在云门及其弟子之间的场景了：

问：“说教当为何人？”师云：“近前来，高声问！”僧近前问，

① （宋）道元辑：《景德传灯录》（下），海南出版社2011年点校本，第995页。
② （宋）赜藏主编集：《古尊宿语录》（上），中华书局1994年标点本，第296—297页。

师便打。①

所以文偃禅师在接引学人时，不断地用不同的话语机锋来启发学人明悟自己“一颗圆光明已久”② 的真谛。例如，南泉普愿禅师曾有“一头水牯牛”的话头，用“自小养一头水牯牛”暗喻人人本有光明佛性，文偃禅师就曾举此公案说：“南泉水牯牛，随处纳些些。尔道在牛内纳，牛外纳？直饶你向这里说得纳处分明，我更问你索牛在。”③ 云门向学人直接索牛，目的就在于启示学人不要将求道的目光放在虚幻的外境外法上，而是放在人人本有的光明处。

二　日日是好日

那修行者如何明悟自己本有的光明觉性？六祖慧能曾说：“看心看净，却是障道因缘。”④ 既然人人本有光明存在，而且对这个本有光明如果起心动念想去修去证的话，结果往往是南辕北辙。既然不能有看心看净的修行念头，那么我们又应该怎么修行呢？慧能曾说：“道须通流，何以却滞？心不住法即通流，住即被缚。”⑤ 所以禅宗的“心”是流动的心。如何做到“心不住法”？不是让自己的心不与万法接触，而是接触万法却能做到触目无滞。所以对禅宗而言，当下现实的每一念心，就

---

① （宋）赜藏主编集：《古尊宿语录》（上），中华书局 1994 年标点本，第 273 页。
② 同上书，第 316 页。
③ 同上书，第 295 页。
④ （唐）慧能著，郭朋校释：《坛经校释》，中华书局 1983 年版，第 36 页。
⑤ 同上书，第 28 页。

是每一个人作用于日用常行中的活泼泼的生活之心。所以六祖后的曹溪门下，青原—石头系从“道无所不在”，南岳—马祖系从“平常心是道”等不同角度，去倡导一种行住坐卧、穿衣吃饭皆在修禅的自然修行、自在解脱的禅学思想。

云门一脉属青原—石头系。文偃禅师开创的云门宗首先是发挥了石头希迁的禅学思想，强调山水自然，即事而真，一切现成，无心解脱。[①] 石头希迁的禅法特色在于吸收了华严宗理事无碍思想，以体用一如的思维在心与物的关系强调人的当下解脱。吴言生先生说：“自石头希迁（700—790）开始，禅宗把华严宗的学说作为构造禅法体系的理论基础，作为指导参禅实践的原则。希迁的《参同契》是禅宗全面吸收华严学说的代表作，奠定了此系禅学理论的基础。”[②] 对于石头希迁的《参同契》，文偃禅师是推崇备至的。在上堂说法或开示门人时，他就曾多次举例石头希迁的《参同契》。例如：

> 上堂良久云：“触目不会道，运足焉知路？”[③]
>
> 举《参同契》云：“回互不回互。”师云：“作么生是不回互？”乃以手指板头云：“者个是板头，作么生是回互？”师云：“唤什么作板头？”[④]

“触目不会道，运足焉知路”，这是《参同契》中集中体现石头希迁

① 洪修平：《中国禅学思想史》，中国人民大学出版社 2007 年版，第 262 页。
② 吴言生：《禅宗思想渊源》，中华书局 2001 年版，第 265 页。
③ （宋）赜藏主编集：《古尊宿语录》（上），中华书局 1994 年标点本，第 259 页。
④ 同上书，第 283 页。

道无所不在、一切现成之禅学思想的句子。而“回互不回互”则是《参同契》中最能体现石头希迁对华严理事体用思想之吸收的观点。其中，“不回互”指的是从“事”上看，事事各住本位，正如上述所引文偃说法中的唤板头作板头，而文偃禅师有时也有“拄杖但唤作拄杖，一切但唤作一切”[①] 的说法，这是禅师从“用”上讲的；而“回互”指的是从“理”上看，事事皆为一理之显现，森罗万象皆为真如之所显化，所以事事相融互摄，所谓文偃禅师反问道：又有何物可以被唤作板头？文偃禅师也曾这样说法：“举一切真如含一切。师云：‘唤什么作山河大地?’又云：‘是诸法空相，不生不灭，不垢不净。’”[②] 说法时文偃禅师有时蓦地拈起拄杖问僧：“这个是什么?”僧回答：“拄杖子。”文偃禅师就会不客气地说：“驴年梦见。”[③] 十二生肖里是没有驴年的，所以云门的意思是只在“不回互”境界打转的僧人是永远也无法觉悟的。

其实石头—希迁一系对“回互不回互”思想的重视，是般若思想在禅修实践中的具体运用。我们知道，般若学思想是从缘起性空的角度解释诸法实相，认为一切事物都是因缘聚合而成的，因而无永恒不变的自性，无自性故空；既然事物已经缘起就不能说是一无所有，但这种有又不是永恒不变的真有，所以是假有，而我们要实现对事物真实相状的把握，既不能偏向于性空一面，也不能偏向于假有一面，而是要合性空与假有的中道实相，从空、假、中三谛圆融的角度才能真实地认识整个世界。按照这样的思维方式，“不回互”其实是从“用”的角度看，事事

① （宋）赜藏主编集：《古尊宿语录》（上），中华书局 1994 年标点本，第 290 页。
② 同上书，第 292 页。
③ 同上书，第 281 页。

物物毕竟千差万别，而“回互”是从“体”的角度看，千差万别之事事物物毕竟归一，而“心”为认识万法的主体，自心也就是回互不回互之本，所以自心对于万法，既要看到假有不回互一面，也要看到性空回互一面，整体上要实现体用不二、即事而真的真正悟解。而且禅宗特别强调的是，这种悟解不是通过析万事万物理事为二、割裂体用的思维分析方法所能获得的，而是不容起心动念、拟议思索的，是无心任自然、触目菩提觉的当下顿悟。

文偃禅师说法时，就曾批评割裂体用的错误见解。如他说：“一切处不是三昧行时，不是三昧有处。云声香味触体在一边，声香味触在一边，见解偏枯。”① 又说：“有什么事？体用无妨，分不分？”师云：“语是体，体是语。”复拈起拄杖云：“拄杖是体，灯笼是用，是分不分？不见道，一切智智清净？”② 之所以有这种错误的见解，在文偃禅师看来，并不是因为事物自己将自己区分为既有个理的本体，还有个用的现象，而是自心迷惑，遂把不二的体用割裂为二。例如：

> 举古人道：“一处不通，两处失功。两处不通，触途成滞。”师拈起拄杖云；“山河大地、三世诸佛，尽在拄杖头上，有甚滞碍！如今明也。暗向什么处去？只者明便是暗。一切众生只被色空明暗隔碍，便见有生灭之法。”③

---

① （宋）赜藏主编集：《古尊宿语录》（上），中华书局1994年标点本，第283页。
② 同上书，第280页。
③ 同上书，第285页。

云门认为，一切众生本具光明，但被色空明暗隔碍，便有生灭之法。其实质即是说，由于众生往往通过思维分析去认识世间万有，进而割裂体用，把世间万有割裂为本体与现象的分别。因此，文偃禅师进一步道：

> 光不透脱，有两般病：一切处不明，面前有物，是一；又透得一切法空，隐隐地似有个物相似，亦是光不透脱。又法身亦有两般病：得到法身为法执，不忘己见，犹存坐在法身边，是一；直饶透得法身去，放过即不可，子细点检来，有什么气息，亦是病。①

这一段话的大意是，对于世俗凡夫而言，看到面前有个现象之物的存在而执着地认为它真实存在，这会遮蔽自己本有的光明觉性；而透过现象识得诸法本来是空，因而又执着地认为空是一种本体的存在，这也会遮蔽自己的本有光明觉性。因此对于修行者的当下现实每一念心而言，做到了心境双泯，却犹有著空之见，执着于空反而不得解脱；悟解了诸法空性，却又不能从体起用，对森罗万象作“细点检来”的思维分析，因而也不是解脱。文偃禅师曾举盘山语“光境俱忘，复是何物”评论说：“直饶与么道，犹在半途，未是透脱一路。”有僧便问：“如何是透脱一路?”文偃说：“天台华顶，赵州石桥。”②

就诸法而言，“一切处亦不是有，一切处亦不是无”③，“真空不坏

① （宋）赜藏主编集：《古尊宿语录》（上），中华书局1994年标点本，第291页。

② 同上书，第281页。

③ 同上书，第294页。

有，真空不异色”①，所以文偃禅师主张大用现前，触目无滞。他曾示众说：“直得触目无滞，达得名身句身一切法空。山河大地是名，名亦不可得。唤作三昧性海俱备，犹是无风匝匝之波。直得忘知于觉，觉即佛性矣。”② 之所以要触目无滞，是因为在文偃禅师看来，郁郁黄花无非般若，青青翠竹尽是法身。他说：“青青翠竹，尽是法身，未是提纲拈掇时节。”③ 有时也说：“我寻常道：‘一切声是佛声，一切色是佛色，尽大地是法身，枉作个佛法中见。’如今见拄杖，但唤作拄杖，见屋但唤作屋。”④ 文偃禅师在上堂说法或启发学人时，经常用身边随处可见的诸如拄杖、露柱等事物来开示一切现成、总在这里的圆融佛理。他经常拈起拄杖说：“有底体上会事，见露柱只唤作露柱有处。道不见有露柱，见解偏枯。见露柱但唤作露柱，见拄杖但唤作拄杖，有什么过!”⑤ 文偃禅师举例说法时，比较常用的是露柱。云门宗史上就有云门古佛露柱的公案。《碧岩录》第八十三则《云门古佛露柱》中说：

> 云门示众云：“古佛与露柱相交，是第几机?”自代云：“南山起云，北山下雨。”⑥

这里的“古佛”，既指释迦牟尼佛，也指诸佛与历来的祖师，而“露柱”本指旌表门第立柱柱端的龙形部分，代指任何人皆能触目所及

① （宋）赜藏主编集：《古尊宿语录》（上），中华书局1994年标点本，第280页。
② 同上书，第294页。
③ 同上书，第289页。
④ 同上书，第293页。
⑤ 同上书，第286页。
⑥ （宋）雪窦重显法师、圜悟克勤法师：《碧岩录》，东方出版社2013年版，第513页。

的现前事物。云门“古佛露柱”所要表达的是一种体用不分、一切现成的思想，即“当南禅强调‘世界’即‘我’即‘佛’时，它便以这三者统一为其直观对象。对南禅来说，需要体验、把握的就是这唯一的最高存在。当进入这一悟境时，就没有现象本质之分，没有我佛之分，没有主客观之分，没有凡圣之分，没有空有之分……一切对立都不复存在。我即佛、佛即我，就看你肯不肯承当”①。用云门文偃的话来说，就是“应化之身说，即是法身说，亦唤作觌体全真”②。

文偃禅师除了发挥青原—石头系的思想外，对于南岳—马祖系的思想也有所借鉴。慧能大师说：“一行三昧者，于一切时中，行、住、坐、卧，常行直心是。”③ 这种“行、住、坐、卧，常行直心”的思想对后世禅宗影响很大，马祖道一正是循此而提出了“平常心是道”的思想，主张从生命当下的一举一动、一言一行中去证悟自己本来是佛。马祖常说：“若欲直会其道，平常心是道。谓平常心无造作、无是非、无取舍、无断常、无凡无圣。经云：‘非凡夫行，非贤圣行，是菩萨行。’只如今，行住坐卧、应机接物尽是道。”④ 其实由属于马祖门下法脉的陈尊宿所启悟，在游方行脚时，与属于马祖系的禅师多有机锋，以及住灵树为上座时，受洪州宗门下如敏禅师所欣赏的云门文偃，也非常重视南岳—马祖一系的思想。在文偃禅师许多开示学人的话语中，也经常流露出马祖“平常心是道”的意涵。例如，云门经常举马祖“平常心是道”的话头来勘辨学人：“平常心是道。你平常道将一句来!”代云：“五个餬饼

---

① 顾伟康：《禅宗：文化交融与历史选择》，知识出版社1990年版，第196页。

② （宋）赜藏主编集：《古尊宿语录》（上），中华书局1994年标点本，第293页。

③ （唐）慧能著，郭朋校释：《坛经校释》，中华书局1983年版，第27页。

④ （宋）道元辑：《景德传灯录》（下），海南出版社2011年点校本，第992页。

三个鎚。"[①] 有时又说："弹指謦欬，扬眉瞬目，拈槌竖拂，或即圆相，尽是撩钩搭索。佛法两字未曾道著，道著即撒屎撒尿。"[②]

文偃禅师重视第一机的修行，这种修行是把平常心落实在平常事中，无心自然，随缘任运，自在解脱。云门所谓的"无心"也不是没有心，而是平常心；无事也不是没有事，而是平常事。因此，在文偃禅师眼中，自觉自悟的主人公其实是个纯任自然的活泼泼的人，这样的人除了自然的穿衣吃饭、屙屎送尿等事，并不会外驰机心于事事物物上。这样一种禅修方式，是一种"触情念而无念，终日修而无修"的方式，是不离禅僧生命绵延之流的一种无执无著无住的因任自然的修行方式。所以文偃禅师有"除却著衣吃饭，屙屎送尿，更有什么事"[③] 的说法，也经常有这样的话语："你诸人无端走来这里觅什么？老僧秖解吃饮屙屎，别解作什么？你诸方行脚参禅问道，我且问你诸方，参得底事作么生？"[④] 而当有僧人"乞师指个入路"时，文偃禅师则直接说："吃粥吃饭。"[⑤] 这种平常心是道的思想，被文偃禅师进一步发挥为"日日是好日"。云门示众云："十五日已前不问你，十五日已后道将一句来！"代云："日日是好日。"[⑥]

云门宗"日日是好日"的思想是道在日常事中的生活情趣与道机禅韵的完美结合。正如葛兆光先生所指出的："我心是佛——我心清净——依心行动——适意自然，这种宇宙观、时空观、人生哲学、生活

① （宋）赜藏主编集：《古尊宿语录》（上），中华书局1994年标点本，第314页。
② 同上书，第286页。
③ 同上书，第263页。
④ 同上书，第276页。
⑤ 同上书，第256页。
⑥ 同上书，第307页。

情趣极为精致的结合，是一个脉络十分清晰、顺序十分自然的发展过程，所以，在惠能、神会之后，几乎每一个禅宗大师都要大讲这种‘适意’的生活情趣与现世自我精神解脱的人生哲学。”①

文偃禅师在住灵树后以及开创云门山，所讲之法都是“雪峰法”。而雪峰集团既有明确的石头系法统意识，与马祖系的芙蓉山灵训的关系也不浅。土屋太祐指出：“雪峰本来是芙蓉山灵训的弟子，而灵训则嗣法于马祖弟子归宗法常。虽然在嗣法关系上不承认马祖系的法统，但作为一个僧团，雪峰集团和芙蓉山的僧团有着密切的关系。”② 所以，就宗脉归属而言，云门宗属于青原—石头一系；但就禅学思想而言，云门文偃的思想中既讲道无所不在，即事而真，一切现成，无心解脱，也讲平常心是道，行住坐卧、穿衣吃饭皆在修禅。在谈到后期禅宗思想的发展时，洪修平先生指出：“后期禅宗，从禅学理论上看，主要是把惠能直指人心、当下解脱的顿教禅法进一步与现实生活中的人结合在一起，从人的自我发现、自我实现来谈人的自我解脱。所不同的只是在于，有的重寂知之性（菏泽系），有的重全体之用（南岳系），还有的则是从心与物、理与事的统一中去加以发挥（青原系）。”③ 而到了云门这里，文偃禅师以他自身曾参学马祖与石头两系的修行实践，在思想将“无心无事”与“平常心是道”相打通，开创了云门一宗的禅学思想。正如有学者所指出的：“事实上，云门宗的确兼摄了牛头宗的‘无心合道’、石头宗的‘触目会道’、洪洲宗的‘平常心是道’，并因此才形成其道无所不

---

① 葛兆光：《禅宗与中国文化》，上海人民出版社1986年版，第106页。

② ［日］土屋太祐：《北宋禅宗思想及其渊源》，巴蜀书社2008年版，第71—73页。

③ 洪修平：《禅宗思想的形成与发展》，江苏古籍出版社2000年版，第326页。

在、山河大地即是真如的宗派特色。”①

三　云门三句

杨曾文先生指出：“唐末五代形成禅门五宗，各宗在禅法上并没有重大差别，但在教诲指导弟子的方法上有所不同，各有所谓‘门庭施设’。”② 那么，文偃禅师所开创的云门宗的“门庭施设”是怎样的呢？《万法归心录》中说：“云门家风，孤危耸峻，格外提撕，翦除情见，三句关键，一字机锋，北斗藏身，金风体露，拄杖宽跳，佛祖退后，盏子说法，魔外潜形，一切语言，总归向上。”③ 云门宗风孤危耸峻的特点主要表现在它“总归向上”的语言风格中，其最关键的就是所谓的“云门三句”。

“云门三句”出于《云门匡真禅师广录》中“垂示代语”部分中的一则代语：

> 示众云：“大众，涵盖乾坤，目机铢两，不涉春缘，作么生承当？”代云：“一镞破三关。”④

---

① 顾伟康：《禅宗：文化交融与历史选择》，知识出版社1990年版，第140—141页。

② 杨曾文：《唐五代禅宗史》，中国社会科学出版社1995年版，第4页。

③ 《万法归心录》，《卍新纂续藏经》第65册，第419页中。

④ （宋）赜藏主编集：《古尊宿语录》（上），中华书局1994年标点本，第306页。此句中“大众”在住福州鼓山圆觉宗演校勘的《云门匡真禅师广录》中作“天中”（《大正藏》第47册，第563页上）。“不涉春缘”一句，在各家所引时，有作“不涉世缘”，也有作“不涉万缘”。

这即是云门禅法中最为人津津乐道的云门三句之最初来源。慧洪觉范在《智证传》中认为，文偃禅师的此次示众代语是解释自己在睦州陈尊宿处有关“秦时轒轹钻”的开悟机缘之语的。《智证传》中说：

> 云门宗有三句，谓天中涵盖、目机铢两、不涉世缘。《传》曰：云门偃禅师初闻睦州古寺有道踪禅师号陈尊宿，见黄蘗运公。往谒之，方叩户，俄陈尊宿者出，搊住曰：“道！道!”偃愕然不知所答。于是推而去曰：“秦时轒轹钻。”即阖户，偃折一足而悟旨于言下。既有众，而以此三句为示者，解释“秦时轒轹钻”之词也。①

可见，最初在文偃禅师这里，“云门三句”指的是“天中涵盖”“目机铢两”“不涉世缘”。后来，云门的传法弟子德山缘密禅师将云门三句概括为“涵盖乾坤句”“截断众流句”和“随波逐浪句”。据《五家宗旨纂要》记载：

> 云门示众云：“涵盖乾坤，目机铢两，不涉万缘，作么生承当?”众无语。自代云：“一镞破三关。”后德山圆明密禅师遂离其语为三句：涵盖乾坤句，截断众流句，随波逐浪句。②

《云门广录》卷下末尾则收录有德山缘密所作的《颂云门三句语》。具体内容为：

---

① 《智证传》,《卍新纂续藏经》第63册，第188页中。

② 《五家宗旨纂要》,《卍新纂续藏经》第65册，第279页下。

涵盖乾坤

乾坤并万象，地狱及天堂；物物皆真现，头头总不伤。

截断众流

堆山积岳来，一一尽尘埃；更拟论玄妙，冰消瓦解摧。

随波逐浪

辩口利舌问，高低总不亏；还如应病药，诊候在临时。

三句外别置一颂

当人如举唱，三句岂能该；有问如何事，南岳与天台。①

这是把云门三句及颂都归为德山缘密所作。但也有禅师认为，云门"涵盖乾坤""截断众流""随波逐浪"三句是德山缘密提出的，而对这三句作颂的则是德山的弟子普安道禅师。如万松行秀禅师则在《万松老人评唱天童觉和尚颂古从容庵录》卷五中认为，云门三句是经过云门文偃—德山缘密—普安道三代禅师共同倡导的结果。他说：

云门有时云："天中涵盖乾坤，目机铢两，不涉春缘。作么生承当?"自代云："一镞破三关。"然虽有此意。未尝立为三句。后得鼎州德山第九世圆明大师讳缘密，上堂云："德山有三句语：一句涵盖乾坤；一句随波逐浪；一句截断众流。"后得鼎州普安山道禅师，颂上三句："一涵盖乾坤颂：乾坤并万象，地狱及天堂；物物皆真见，头头用不伤。二截断众流颂：堆山积岳来，一一尽尘

① （宋）赜藏主编集：《古尊宿语录》（上），中华书局1994年标点本，第337—338页。

埃；更拟论玄妙，冰消瓦解摧。三随波逐浪颂：辩口利舌问，高低应不亏；还如应病药，诊候在临时。三句外：当人如举唱，三句岂能该；有问如何事。南岳与天台。”往往指此颂为云门所作，此皆看阅之不审也。道嗣德山密，密嗣云门。云门虽有天中涵盖、一镞三关之语，因密公拈出，道公颂之，祖述三世而三句始明。①

云门宗“涵盖乾坤”“截断众流”和“随波逐浪”三句，虽然是由云门的学生德山缘密最先把它们连在一起，但其观念早已存在于云门的言教中。② 关于“云门三句”，禅宗史上多有禅师和学者从各种角度深入解释其蕴含的禅学思想。例如：

东山云顶禅师说：“一句涵盖乾坤，不离毛吞巨海。一句截断众流，不离斩钉截铁。一句随波逐浪，不离目机铢两。”③

圆悟克勤禅师说：“本真本空，一色一味，非无妙体，不假踌躇，洞然明白，则涵盖乾坤也。”又云：“本非解会，排迭将来，不消一字，万机顿息，则截断众流也。”又云：“若许他相见，从苗办地，因语识人，即随波逐浪也。”④

翠岩真禅师说：“涵盖乾坤事皎然，何须特地起狼烟。遒人舞铎东君至，不令花枝在处妍。截断众流为更论，河沙诸佛敢形言。星移斗转乾坤黑，稍有丝毫实不存。随波逐浪任高低，放去收来理事齐。一等垂

---

① 《万松老人评唱天童觉和尚颂古从容庵录》卷五，《大正藏》第48册，第275页上—中。

② 吴经雄：《禅的黄金时代》，吴怡译，海南出版社2014年版，第175页。

③ 《嘉泰普灯录》卷二四《福州东山云顶禅师》，《卍新纂续藏经》第79册，第437页中。

④ 《人天眼目》卷二，《大正藏》第48册，第312页上。

慈轻末学，柰缘潦倒带尘泥。”①

南宋魏庆之《诗人玉屑》卷十四论“三种句”中说：“禅宗论云门有三种语：其一为随波逐浪句，谓随物应机，不主故常。其二为截断众流句，谓超出言外，非情识所到。其三为涵盖乾坤句，谓泯然皆契，无间可伺其深浅。”②

明代云门麦浪怀禅师《宗门设难》中说：“云门老祖云：‘吾有一句涵盖乾坤。吾有一句截断众流。吾有一句随波逐浪。’当知良知即真知者，乃巧心妙手，涵盖乾坤之说也。良知非真知者，乃独露真常，截断众流之说也。”③

明末清初的虞山福城云汉满禅师说：“盖以收宗旨于一棒，而以一棒全提宗旨也。不惜口业，试一言之显提。一棒有句也，不作棒会无句也。遇之无不摧碎，正句也。一棒而全具三句，涵盖乾坤也；一棒而踞断要津，截断众流也；一棒而临机应用，随波逐浪也。”④

清代王起隆《金刚经大意》中说：“离四句绝百非中，有涵盖乾坤句，有截断众流句，有随波逐浪句。佛说般若波罗蜜，涵盖乾坤也；即非般若波罗蜜，截断众流也。是名般若波罗蜜，随波逐浪也。引而伸之，触而类之，所谓击首尾应，击尾首应，击中则首尾俱应，孰非经龙之鳞翼脊鬣为大支干者乎。解此则全经血髓。”⑤

清代三山来禅师在《五家宗旨纂要》中解释说：“涵盖乾坤句，本

① 《人天眼目》卷二，《大正藏》第48册，第312页上。

② （宋）魏庆之：《诗人玉屑》，中华书局2007年标点本，第446页。

③ 《云门麦浪怀禅师宗门设难》，《卍新纂续藏经》第73册，第863页中。

④ 《五灯全书》卷七七《虞山福城云汉满禅师》，《卍新纂续藏经》第82册，第402页中。

⑤ 《金刚经大意》，《卍新纂续藏经》第25册，第183页中。

真本空，一色一味，凡有语句，无不包罗，不待踌躇，全该妙体，以事明理。体中玄也。”“截断众流句，本非解会，排遣将来，不消一字，万机顿息，言思路绝，诸见不存，玄中玄也。”“随波逐浪句，许他相见，顺机接引，应物无心，因语识人，从苗辨地，不须拣择，方便随宜，句中玄也。”①

那么，云门宗涵盖乾坤、截断众流和随波逐浪之三句的具体意涵究竟如何？

所谓“涵盖乾坤”，洪修平先生认为，意谓宇宙万象，本真本空，事事物物，悉皆真现，故即事而真，一切现成。② 如有僧人问：“如何是露地白牛？”文偃禅师回答：“归依佛，归依法，归依僧。”进云：“白牛何在？”师咄之。③ 有人问：“如何是西来意？”文偃禅师说：“长连床上有粥有饭。”④ 文偃禅师曾示众说：“直得触目无滞，达得名身句身一切法空。山河大地是名，名亦不可得。唤作三昧性海俱备，犹是无风匝匝之波。直得忘知了觉，觉即佛性矣。唤作无事人，更须知有向上一窍在。”有时也说：“一切处无不是说法。打钟打鼓时，不可不是。若与么，一切处亦不是有，一切处亦不是无。”又云：“不可说时即有，不说时便无也。若约提唱即未在，为人门中即得。”⑤ 文偃禅师的上述这些“涵盖乾坤”之说法，无非是要表达一种思想，即“在云门宗看来，现象界的乾坤万象，上至‘天堂’，下至‘地狱’，都是真如的显现，由本

① 《五家宗旨纂要》，《卍新纂续藏经》第65册，第279页下—第280页上。
② 洪修平：《中国禅学思想史》，中国人民大学出版社2007年版，第263页。
③ （宋）赜藏主编集：《古尊宿语录》（上），中华书局1994年标点本，第270页。
④ 同上书，第271页。
⑤ 同上书，第294页。

体界变现而来，因此，事事物物，无一不是真如的‘妙体’，犹如所有的星星都朝向北斗一样，道无所不在，匝地普天，山河大地即是真如”[①]。杜继文先生也认为，“涵盖乾坤”是形容某种至大无外、包容天地、一切具足的本体，而且他进一步指出，就禅宗史考察，这本体或指心，或指智，或指理（道），由此形成多种不同的哲学体系，而云门用“涵盖乾坤”一词，则将禅宗内部的这些差别模糊起来，变成了可以蕴含多种义理的笼统譬喻，这是他在禅宗范围里能够“擒纵舒卷，纵横变化”的重要原因。[②] 这也就是说，在文偃禅师看来，郁郁黄花，青青翠竹，乃至现象界的乾坤万物都是真如妙体显现自身者，所以乾坤万物也都以自己显现自己的方式让真如妙体真实自然地显现出来，所以事事物物悉皆真现，故即事而真，一切现成，因此触目无滞，顿入无差别境界。

所谓“截断众流”，洪修平先生认为，此为云门宗接引学人的重要方法，意谓截断情识心念，不要用语言文字去把握真如，而应于内心顿悟。[③] 禅宗认为人人本有光明佛性，对此佛性的觉解不能通过思维分析而获得，所谓拟议即差。这是文偃禅师在睦州陈尊宿那里，被门夹断脚后所大彻大悟者。他在接引学僧时，往往通过言语道断、心行处灭的截断众流的话语方式进行启迪。在文偃禅师说法的过程中，当弟子就禅法大意去请教云门，希望云门能用清楚明白的话语直接回答学人的问题时，云门恰恰用一些答非所问的回答来打断弟子对这些问题的拟议思

① 吴言生：《禅宗诗歌境界》，中华书局2001年版，第156页。
② 杜继文、魏道儒：《中国禅宗通史》，江苏人民出版社2007年版，第376—377页。
③ 洪修平：《中国禅学思想史》，中国人民大学出版社2007年版，第263页。

考。如弟子问："从上古德相传何事?"文偃禅师云："速礼三拜。"[①]有人问："大彻底人，见一切法是空不?"文偃禅师说："苏噜苏噜。"[②]有人问："如何是祖师西来意?"文偃禅师回答说："日里看山。"[③]有人问："如何是教意?"文偃禅师说："吃嘹舌头，更将一问来!"[④]还有人问："摘叶寻枝即不问，如何是直截根源?"文偃禅师说："速礼三拜。"[⑤]文偃禅师在回答弟子们问诸如"如何是祖师西来意"等涉及禅法真谛的问题时，往往多用上述"截断众流"一类话语去回答。为什么有的语言要截断众流?因为学人所问的是超出言外，非语言所能描述的禅境，但因为学人发问，禅师回答，还要做到"言中有响"，所以禅师采取绕路说禅的方法，以能言说的语言去言说不可言说的禅境，云门所选用的语言往往就显现出"截断众流"的特点。这是因为真正的智慧禅境是不可言说的，任何语言都是对这一智慧禅境的障蔽。所以当有僧人问："如何是布袋里真珠?"云门禅师回答说："说得么?"[⑥]确实不能说，但又要言说，只能运用语言的艺术去截断众流。而用截断众流的语言去截断学人驰骋不止的情识心念的目的在于，"指示参禅者不用语言意识把握真如，而要返照自心，以获得顿悟"[⑦]。当有人问"如何是佛"时，文偃禅师自然地答出"干屎橛"三个字。这一回答完全显现了文偃禅师对佛教偶像的蔑视，因为在他看来，佛菩萨祖师对于人自己顿悟自

① （宋）赜藏主编集：《古尊宿语录》（上），中华书局1994年标点本，第268页。
② 同上书，第269页。
③ 同上书，第255页。
④ 同上书，第258页。
⑤ 同上书，第262页。
⑥ 同上书，第270页。
⑦ 吴言生：《禅宗诗歌境界》，中华书局2001年版，第167页。

性就是毫无用处的。也许文偃禅师在此就是要用“干屎橛”这一出人意料之外的一句回答，如同棒喝一般，以极端的语言警惕学者莫要陷入对“如何是佛”等问题拟思探究的分析理路，而是要“截断众流，不容拟议”，剪却常情见解后始能觉悟。

所谓“随波逐浪”，按照洪修平的解释，意谓对参学者应因机说法，“应病与药”，即根据不同的对象采取不同的教学方法。① 也就是说，文偃禅师虽然也曾激烈地否定语言文字，但也认为语言文字可以作为一种方便法门而达到开释学人、接引向道的目的，所以文偃禅师主张在接引学人悟道参禅时，当根据学人的性情、禀赋、根机和学佛基础等的不同随机应变，而施以相应的破执方法。如有人终日参禅却找不到开悟的门路，因而求师指点时，文偃禅师就说：“当机有路。”② 当有人看到树凋叶落，就随机问“树凋叶落时如何”时，文偃禅师回答说：“体露金风。”③ 问：“如何得速超三界去？”师云：“如何得速超三界去？”进云：“是。”师云：“是即休。”④ 文偃禅师说法时，也经常用一些日常生活中常见的东西来随时举扬，如一日拈起拄杖，举教云：“凡夫实谓之有，二乘析谓之无，缘觉谓之幻有，菩萨当体即空。”乃云：“衲僧见拄杖，但唤作拄杖，行但行，坐但坐，总不得动着。”⑤ 在谈到云门宗“随波逐浪”的话语时，吴言生指出，“既有春生夏长、船子下扬州的随缘适性，又有应病与药、擒纵予夺的随机接引。它们的共同特点都是‘阔’，随

① 洪修平：《中国禅学思想史》，中国人民大学出版社2007年版，第263页。

② （宋）赜藏主编集：《古尊宿语录》（上），中华书局1994年标点本，第269页。

③ 同上书，第270页。

④ 同上。

⑤ 同上书，第284页。

缘天地阔，应机天地阔，由此生发出随缘适性、随机接引的美感特质”①。

对于“云门三句”的内涵，吕澂先生从理事关系上加以理解，指出云门三句中最重要的是前两句，即“涵盖乾坤”和“截断众流”。他认为，云门禅师用“涵盖”比喻为“理”，将“截流”比喻为“事”，“作为理是普遍的，合天盖地；从每一事上看，即如截流只是一个断面，因此，理就是整个，事就是断面”②。吴经雄先生认为：“这三句根本上都是属于绝对的。以笔者看来，它们是表现出一套辨证历程的三个方面。就其普遍性来说，是无所不在，涵盖了整个宇宙的；就其超越性来说，是截断众流，超越了宇宙，不是我们所能窥破、触及的；就其对这个世界的作用来说，是与世俗相处，随波逐浪的。”③ 当然也有学者认为：“云门三句是一个内在联系的有机整体，对于云门宗来说，云门三句是没有主次之分的。对于理解云门宗的禅学思想与参禅方法，云门三句的每一句都具有同等重要的意义。”④ 所以《碧岩录》也认为：“云门一句中，三句俱备，盖是他家宗旨如此。”⑤ 南石文琇禅师则说：“一念心清净，则生死永绝，随波逐浪句，截断众流句，涵盖乾坤句，总不劳拈出。”⑥ 认为一念心清净，三句其实是一句也没有。

文偃禅师的禅法除最主要的“云门三句”外，还有云门一字关与云门顾鉴咦等。宋智昭禅师的《人天眼目》是专述五家纲宗之书，在述及

① 吴言生：《禅宗诗歌境界》，中华书局2001年版，第176页。
② 吕澂：《中国佛学源流略讲》，中华书局1979年版，第245页。
③ 吴经雄：《禅的黄金时代》，吴怡译，海南出版社2014年版，第175—176页。
④ 王志跃：《分灯禅》，浙江人民出版社1997年版，第121页。
⑤ （宋）雪窦重显法师、圜悟克勤法师：《碧岩录》，东方出版社2013年版，第44页。
⑥ 《南石文琇禅师语录》卷四，《卍新纂续藏经》第64册，第257页中。

云门宗纲时指出云门宗有三句、顾鉴咦和一字关等禅法。所谓“顾鉴咦”，《人天眼目》中载：

> 师每见僧，以目顾之，即曰：“鉴。”或曰：“咦。”而录者曰“顾鉴咦”。后来德山圆明密禅师删去“顾”字，但曰“鉴咦”。故丛林目之曰“抽顾”。因作偈通之，又谓之抬荐商量。偈曰：“相见不扬眉，君东我亦西。红霞穿碧落，白日绕须弥。”①

可见，顾鉴咦是文偃禅师用来接引学人的随机方法。除了顾鉴咦，云门还有一字关。所谓“一字关”，《人天眼目》中载：

> 僧问师：“如何是云门剑?”师云：“祖。”“如何是玄中的?”师云：“掔。”“如何是吹毛剑?”师云：“骼。”又云：“胔。”“如何是正法眼?”师云：“普。”“三身中那身说法?”师云：“要。”“如何是啐啄之机?”师云：“响。”“杀父杀母，佛前忏悔。杀佛杀祖，甚处忏悔?”师云：“露。”“如何是祖师西来意?”师云：“师。”“灵树一默处如何上碑?”师云：“师。”“久雨不晴时如何?”师云：“札。”“凿壁偷光时如何?”师云：“恰。”“承古有言：‘了即业障本来空，未了应须还宿债。’未审二祖是了是未了?”师云：“确。”一日示众：“会佛法者如恒河沙，百草头上代将一句来。”自代云：“俱。”师凡对机，往往多用此酬应。故丛林目之曰“一字

① 《人天眼目》卷二，《大正藏》第48册，第312页中。

关”云。①

圆悟克勤《碧岩录》中也记载：

云门寻常爱说三字禅，“顾、鉴、咦”，又说一字禅。僧问：“杀父杀母，佛前忏悔；杀佛杀祖，向什么处忏悔？”门云：“露。”又问：“如何是正法眼藏？”门云：“普。”直是不容拟议。②

所谓一字关，顾名思义，就是文偃禅师对学人的提问用一个字进行回答的一种接引学人的禅法。其实顾鉴咦就是另类的一字关。如明代临济宗的费隐通容禅师在回答学人如何是云门宗时，就把顾鉴咦称作一字关。据《费隐禅师语录》中记载，有学人问：“电光影里穿针手，顾鉴咦，险虎机，如何是云门宗？”费隐禅师就回答道：“一字关头透将来。”③ 对于云门的“一字关”，吴经雄先生这样评说：

在禅学里，云门以“一字关”闻名，其实这只是他唤醒学生潜能的一种策略，而不是他的基本悟解。有许多禅学者以为他的一字回答是答非所问，认为这是教人崇尚反理则，以笔者看来，这与崇尚理则是一样的错误。云门与其他大禅师一样，是超越了“理则”和“反理则”的，他的回答只是他对问题的自然反应。它们是被问

① 《人天眼目》卷二，《大正藏》第48册，第312页中—下。

② （宋）雪窦重显法师、圜悟克勤法师：《碧岩录》，东方出版社2013年版，第43页。

③ 《费隐禅师语录》，《嘉兴藏》第26册，第132页下。

题所引发的，因此对问题来说，它们是问题的反应，自然是有意义的。它们不仅为问题所引发，而且是针对提出问题的人。因为禅师已经从他们的问题中直观到他们的精神境界和需要。因此假如它们对问题没有任何逻辑上的意义，至少它们对提出问题的人，却有极生动的意义。……云门的“一字关”并没有什么特殊的魔术。不论一字也好，几个字也好，都是让你自己去参破。这是他表达不可道之道的唯一方法。①

可以说，对于自识自家本来面目的禅修目的而言，云门一字与云门三句殊途同归。

四　不说葛藤禅

云门文偃形成了讲究语言的禅风。云门宗的“云门三句”“云门一字关”与“云门三字禅”等禅法，其背后体现了文偃禅师对于如何通过言说语言的方式来接引学人觉悟禅理真谛的基本观点。而对于显示禅理的语言本身，文偃禅师主张“凡有言说，皆是葛藤”②。在云门文偃看来，所有的经教言说都在解释“圣谛第一义”，而经教言说就像缠绕树木的葛藤一样，阻碍我们对圣谛第一义的认识，所以把离言绝思以直觉顿悟佛理的过程形象地比喻为“斩断葛藤”。云门文偃这种讲究语言的禅风却是从批评语言、对语言不信任出发的，形成了文偃禅师对“葛

① 吴经雄：《禅的黄金时代》，吴怡译，海南出版社2014年版，第172—173页。

② （宋）赜藏主编集：《古尊宿语录》（上），中华书局1994年标点本，第264页。

藤”的批评思想。

文偃禅师对葛藤禅的批评，实际是对学人重持经颂论的参禅方式的批评。例如，当有学人问：“万法归一。一即不问，如何是万法?”文偃禅师马上批评说：“你来这里说葛藤瞒我。”① 当有人问：“万机不到处，如何知有?”文偃禅师云：“该得么。”进云：“日用事如何?”文偃云：“一箭到新罗，大汉国里说葛藤。”② 当年文偃禅师在睦州陈尊宿处损一足而顿悟，悟到的正是佛法真谛不可思议、拟思即差的道理。所以在禅师开堂讲法以后，每有学人以思维分析的方法来请教如何实现觉悟问题时，文偃往往将其批评为说葛藤。《碧岩录》中记载了云门如是说：“如击石火，似闪电光。这个些子，不落心机意识情想，等尔开口，堪作什么?计较生时，鹞子过新罗。”③ 文偃禅师有时以拄杖打露柱一下云：“三乘十二分教说得着么?”自云：“说不着。”复云：“咄！者野狐精。”④ 这是把佛教三乘十二分教的经典文字都看作是葛藤，当人们试图从三乘十二分教中去分析思考解脱的真谛时，其实就已经远离了目的本身，早就如“鹞子过新罗”了。所以文偃禅师上堂说法云：

> 夫唱道之机，固难谐剖。若也一言相契，犹是多途，况复忉忉，有何所益?然且教乘之中，各有殊分，律为戒学，经为定学，论为慧学，三藏五乘，五时八教，各有所归。然一乘圆顿也大难明，直下明得，与衲僧天地悬殊。若向衲僧门下，句里呈机，徒劳

① （宋）赜藏主编集：《古尊宿语录》（上），中华书局1994年标点本，第261页。
② 同上。
③ （宋）雪窦重显法师、圜悟克勤法师：《碧岩录》，东方出版社2013年版，第8页。
④ （宋）赜藏主编集：《古尊宿语录》（上），中华书局1994年标点本，第292页。

伫思。门庭敲磕千差万别。拟欲进步向前，过在寻他舌头路布。从上来事合作么生？向者里道圆道顿，得么？者边那边，得么？莫错会好。莫见与么道，便向不圆不顿处卜度。者里也须是个人始得。莫将依师语、相似语、测度语，到处呈，中将为自己见解，莫错会。只如今有什么事，对众决择看！①

文偃禅师对“葛藤”的批评，是禅宗六祖慧能以来的一贯态度。对于语言与佛理，禅宗认为，佛性真理与文字语言毫无关系，机械地诵读经典，并不能获得真理。慧能大师就强调说诸佛妙理非关文字。他说：“故知本性自有般若之智，自用智惠观照，不假文字。”② 又说：“三世诸佛，十二部经，亦在人性中本自具有。不能自悟，须得善知识示道见性；若自悟者，不假外善知识。若取外求善知识，望得解脱，无有是处，识自心内善知识，即得解脱。”③ 据《曹溪大师别传》中记载，六祖居曹溪时，“与村人刘志略结义为兄弟，时春秋三十。略有姑，出家配山涧寺，名无尽藏。常诵《涅槃经》。大师昼与略役力，夜即听经。至明，为无尽藏尼解释经义。尼将经与读，大师曰：‘不识文字。’尼曰：‘既不识字，如何解释其义？’大师曰：‘佛性之理，非关文字；能解，今不识文字何怪？’”④ 慧能南宗禅对于语言的这种态度是基于“自性自度”的解脱思想的。禅宗强调本心本性本来是佛，所以成佛就是“自性自度”，是一种无须外界助力的自我解脱。

① （宋）赜藏主编集：《古尊宿语录》（上），中华书局1994年标点本，第254页。
② （唐）慧能著，郭朋校释：《坛经校释》，中华书局1983年版，第54页。
③ 同上书，第60页。
④ 同上书，第122页。

在慧能看来，佛与众生的区别就在于对自性的觉悟与否，觉悟了众生即成佛，不觉悟，佛与众生无异。因此，若想成佛解脱，根本不在于外在的条件，关键在于是否能够识得自家本有的自性，所以是“自性自度”。既然是自性自度，所以解脱必须依靠自力，自识本性才能解脱，而不是凭借他力包括诸佛菩萨和历代祖师之力所能超脱的，所以必须舍离佛经文字与祖师之言论，而直彻心源，在“明心见性”上下功夫。禅宗不施设文字，不安立言句，直传佛祖心印，称为教外别传，意思是在如来言教以外的特别传授的心法真谛。所以禅宗主张“以心传心”。黄檗希运断际禅师就说：“方知祖师西来，直指人心，见性成佛，不再言说。”① 禅宗典籍中处处有参“祖师西来义”的公案，这一公案所要表达的是：“达摩西来传‘一心’之法，直指一切众生本来是‘佛’，不需更加修行。因此，归根结底，应该此时此地看取自己的‘本性’，停止向其他外处求索。”②

六祖慧能对佛理与语言之关系的这种理解与说法，为禅修者摆脱烦琐名相的文字束缚和思想障碍提供了理论根据，此后的南宗禅师都按照这样一种理路理解佛性真谛之理与经典文字的关系。例如，据《诸方门人参问语录》中载，大珠慧海禅师就说：“经有明文：我所说者义语非文，众生说者文语非义。得意者越于浮言，悟理者超于文字。法过语言文字，何向数句中求？是以发菩提者，得意而忘言，悟理而遗教，亦犹得鱼忘筌得兔忘蹄也。”③ 佛性的觉悟完全是个人的内心体验，不能通过

① （宋）赜藏主编集：《古尊宿语录》（上），中华书局1994年标点本，第36页。

② ［日］小川隆：《语录的思想史——解析中国禅》，何燕生译，复旦大学出版社2015年版，第46页。

③ 《诸方门人参问语录》，《卍新纂续藏经》第63册，第28页下。

佛教经典来获得，所以大珠慧海禅师说："经论是纸墨文字。纸墨文字者俱空。"① 这也就是文偃禅师说"若向衲僧门下，句里呈机，徒劳伫思"的原因所在。事实上，云门文偃视经教语言为葛藤的态度并不是禅门的个案，却可以说是南宗禅的普遍倾向，甚至禅师会采取极端说法的方式，如德山宣鉴以"呵佛骂祖"的方式来打破学僧对于经教语言的执着。文偃禅师继承了德山宣鉴"呵佛骂祖"的传统，当有弟子问"如何是释迦身"时，文偃禅师就回答说"干屎橛"②。

"干屎橛"一词，《辞海》解释为"拭粪之橛也"。《汉语大词典》解释为"厕筹"，即"刮屎箅"，《佛学大词典》解释为"拭人粪之橛之干者"，《词源》解释为"粪之干块"，现代有学者解释为"干硬的棒状的屎块"③。不管具体的解释有何差异，大家都承认这个词是比喻最污秽的东西，而把至高尊贵的佛说成是最污秽的干屎橛，这就是禅宗自中晚唐以来形成的"呵佛骂祖"传统。呵佛骂祖是为了超佛越祖，而超佛越祖则是为了自彻心源。所以有人问："牙齿敲磕皆落名言，如何得不落古人踪？"文偃禅师则回答说："通机自辨。"④ 意谓真正的觉悟在于自己通机领会禅理真谛，而当你真正领悟到禅理真谛时，这禅理真谛就会自然显现在每一个觉悟者的心头，就像你知道去朗州有多少里路一样清楚明白。所以当学人问："暗室得明时如何？"文偃禅师告诉他："朗州此去多少？"⑤ 这是在启发学人不要有追问如何做才能得到佛教真谛的执

① 《诸方门人参问语录》，《卍新纂续藏经》第63册，第25页上。

② （宋）赜藏主编集：《古尊宿语录》（上），中华书局1994年标点本，第269页。

③ 周裕锴：《百僧一案：参悟禅门的玄机》，上海古籍出版社2007年版，第156页。

④ （宋）赜藏主编集：《古尊宿语录》（上），中华书局1994年标点本，第262页。

⑤ 同上书，第263页。

着心念，因为当你去追问这些的时候，就已经被这些束缚住了自由的心灵。所以有人问：“十二时中如何用心，即得不负于上来?”文偃禅师说：“省力。”进一步问：“省力事如何?”文偃禅师就说：“省取前话。”①

因而，对于语言与禅理的关系，云门禅师反对执着于语言文字来求解禅理的做法，把依赖通过老师讲法而寻求体悟的学道过程称作“寻他舌头路布”，将会“徒劳伫思”，真正的“一乘圆顿之教”须是自己见解，直下明得。文偃禅师说法云：

> 我事不获已，向你诸人道直下无事，早是相埋没也。更欲蹋步向前，寻言逐句，求觅解会，千差万别。广设问难，赢得一场口滑，去道转远，有什么歇时？只此个事若在言语上，三乘十二分教，岂是无言语？因什么道教外别传？若从学解机智，只如十地圣人说法，如云如雨，犹被诃责，见性如隔罗縠。以此故知一切有心，天地悬殊。虽然如是，若是得底人，道火何曾烧口，终日说事，未尝挂着唇齿，未曾道着一字，终日着衣吃饭，未曾触着一粒米，挂着一缕丝。虽然如此，犹是门庭之说，须是实得与么始得。若约衲僧门下句里呈机，徒劳伫思，直饶一句下承当得，犹是瞌睡汉。②

云门对于禅的理解，毕竟还是偏向于道断语言，以体悟观照、将心

---

① （宋）赜藏主编集：《古尊宿语录》（上），中华书局1994年标点本，第261页。
② 同上书，第256页。

传心为实现觉悟的究竟法门，所以尽管他的说法也要借助语言和文字来表述其言外的意境，但却又担心学人弟子执着于自己的话头而刻意参究，所以还时时叮嘱，展示自己的“老婆心切”，认为即使是向学人弟子道“无事”的思想，也已经是有所束缚了，更何况还从经典中寻言摘句。

北宋白云守端禅师曾有诗偈说：“为爱寻光纸上钻，不能透处几多难。忽然撞着来时路，始觉平生被眼瞒。”[①] 意思是要求领悟超越一切形式上的语言文字和逻辑层次之外的真实道理，这体现了云门禅师要求超越语言文字，在言象之外用智的直觉悟解佛理真谛的禅学思想，恰恰是发挥了云门禅师“清波无透路”的智慧见解。曾有官员问文偃禅师：“佛法如水中月是不?”大意是佛所说的教法是不是如水中明亮的月亮一样能够指示我们解脱的道路？没想到文偃禅师却说：“清波无透路。”[②] 意思是如果执着于佛说本身，即使是说理透彻如同清波一样的佛法也无法让学人实现彻底的觉悟。

那么，如果说语言会遮蔽佛性的真谛，那为什么禅师还要通过语言来揭示佛性的真谛？如何用语言揭示佛性的真谛才不会遮蔽佛性？禅宗绝不是主张彻底地废弃经教文字与语言，事实上，在佛教各宗中，禅宗的经论典籍反而是最多的。所以，早期禅宗往往主张“藉教悟宗”。“宗”是慧能南宗兴起后，自称是与禅宗以外诸宗相对立的“宗”或“宗乘”，把各种大小乘经论称为“教”，也把依据这些经论建立教义的诸宗称为“教”。所谓“藉教悟宗”，就是指的凭借种种教法而悟道。宗

① 《白云守端禅师广录》，《卍新纂续藏经》第69册，第319页下。

② （宋）赜藏主编集：《古尊宿语录》（上），中华书局1994年标点本，第254页。

密在《禅源诸诠集都序》中说："达摩受法天竺躬至中华，见此方学人多未得法，唯以名数为解、事相为行，欲令知月不在指、法是我心，故但以心传心，不立文字，显宗破执，故有斯言，非离文字说解脱也。故教授得意之者。即频赞《金刚》、《楞伽》云'此二经是我心要'。今时弟子彼此迷源，修心者以经论为别宗，讲说者以禅门为别法，闻谈因果修证，便推属经论之家，不知修证正是禅门之本事；闻说即心即佛，便推属胸襟之禅，不知心佛正是经论之本意。（前叙有人难云：'禅师何得讲说？'余今以此答也）今若不以权实之经论对配深浅禅宗，焉得以教照心、以心解教？"① 宗密的说法表达了禅宗把经论语言视为以教照心的方便法门而贯彻在禅修过程中的观点，正符合《祖庭事苑》卷八中对"语缘"的解释："禅家流声前体道，岂涉言诠？然古人接物应机，不无兼带，聊出数缘，以示来学。"② 所以，对于经教文字与语言，禅宗还有"言语载道之器，虽佛祖不得而废也"③ 的态度。因而禅宗虽主张"不立文字"，而在实际禅修过程中往往也"不离文字"。不立亦不离的态度，其实是对慧能"二道相因"中道观的继承和发挥。《坛经·咐嘱品》中记载慧能曾对弟子说："若有人问汝义，问有将无对；问无将有对；问凡以圣对，问圣以凡对。二道相因，生中道义。"④ 不黏滞于对立两端的任何一端，即所谓的"不堕凡圣"，这就是中道。而中道本身也是空无虚幻的，应该否定，不应该执着。假如执着于其中任何一端，就叫作"边见"，即偏于一边的恶见。求道必须抛弃"边见"。因此，对于语言

① 《禅源诸诠集都序》卷上一，《大正藏》第48册，第400页中。
② 《祖庭事苑》卷八，《卍新纂续藏经》第64册，第428页上。
③ （宋）賾藏主编集：《古尊宿语录》（上），中华书局1994年标点本，第31页。
④ 《六祖大师法宝坛经》，《大正藏》第48册，第360页中。

文字的态度作为一种见解，也应如此，不能把语言文字等同于佛法真谛而进行百般思索的执着，但既然语言动作本就是佛性的显现，大道就在语言声色之中，语言文字本身也是佛法真谛的显现，所以求道之人也就不能回避语言声色。

云门继承了慧能以来的这样一种以中道观照语言文字与佛理真谛之关系的思路，既讲“不立文字”，也讲“不离文字”。据《云门广录·对机》中记载：

> 问：“从上古德，以心传心，今日请师，将何施设?”师云：“有问有答。”进云：“与么，则不虚施设也?”师云：“不问不答。”问：“凡有言句，皆是错，如何是不错?”师云：“当风一句，起自何来?”进云：“莫只者便是也无。”师云：“莫错。”①

可见，云门禅师既反对落于执着言句一边，也反对落于否定言句一边，而是主张中道慧观。对于语言，文偃禅师秉持六祖“二道相因，不离中道”的思维说“语是体，体是语”②，既坚持不立文字的根本宗旨，也主张不离文字的方便施设。关于文偃禅师对待语言的态度，杜继文先生就指出：

> 《景德传灯录》中记载的文偃，眉目还是清楚的。他一方面说：“句里呈机，徒劳伫思，直饶一句下承担得，犹是瞌睡汉”，表示禅

① （宋）赜藏主编集：《古尊宿语录》（上），中华书局1994年标点本，第255页。

② 同上书，第280页。

机决不会由语言中表达出来；另一方面又说："若是得底人，道火不可烧口，终日说事，不曾挂着唇齿"，即言说还是必要的，只是不要执著而已。由此看他的禅语，一部分是反对以语言夸示、反对经教所误的，所谓"食人涎唾，记得一堆；一担骨董到处逞，驴唇马嘴夸我解"；另一部分则劝人学道，善于思量，甚至引孔子言"朝闻道，夕死可矣"。[①]

包括文偃禅师在内的整个南宗禅，都把禅视为一种"教外别传"，而"教外别传"的观点也并不是根本否定经教的价值和作用，只是在禅师看来，作为经教的语言文字对于参禅者而言只是一种指月因缘，参禅者应当借教悟宗，因指见月，若拘泥于经教言句，则反成障碍。所以云门上堂云："一言才举，千差同辙。该括微尘，犹是化门之说。若是衲僧，合作么生？若将祖意佛意这里商量，曹溪一路平沉，还有人道得么？道得底出来！"[②] 云门反对那种一听到说"教外别传"，就有刻意去对立区分"教"和"宗"的师僧做法。如有学僧问"教中即不问，如何是宗门中事"时，云门禅师从不正面回应，只是回以"既有来问，速礼三拜"等语。[③] 对于禅与文字的关系，云门的态度是既反对拘泥于经教文字中去寻找禅意，也反对刻意地通过否定经教文字来寻找禅意。所以，文偃禅师对达摩西来所传的"不立文字"思想的理解原则是"不著文字，不离文字"。正如赞宁所总结的是："不立文字者，经云'不著文

---

① 杜继文、魏道儒：《中国禅宗通史》，江苏人民出版社2007年版，第378页。
② （宋）赜藏主编集：《古尊宿语录》（上），中华书局1994年标点本，第263页。
③ 同上书，第264页。

字，不离文字。’非无文字，能如是修，不见修相也。”①

“不著文字，不离文字”是禅宗理解禅与文字之关系的纲领性的原则，这也是慧能“出入即离两边”嘱咐的活学活用。因为大凡为经教者，其本身并非中道智慧，而全部属于因机制宜之边义权说，但不立边则无由见中，所以中道智慧之开显却也必由边义。正如慧洪《禅林僧宝传》的重刊序言中这样说：“为佛氏之学者，固非既言语文字以为道，而亦非离言语文字以入道。”② 云门文偃禅师在说法时，曾通过形象化的身体动作表达了这样的“不离不著”之智慧。据《云门广录》记载，云门在一次上堂说法时，蓦拈拄杖划地一下云：“总在这里。”又划一下云：“总在这里出去也。”③ 文偃禅师上堂说法云：

> 不得已，且作死马医，向汝道是个什么？是东是西，是南是北，是有是无，是见是闻，是向上是向下，是与么，是不与么？这个唤作三家村里老婆说话。是你有几个到此境界？相当即相当；不相当，静处萨婆诃。④

文偃禅师也强调东西、有无、南北、见闻、向上向下等是“离两边而出入”的中道思维。文偃禅师曾举赵州和尚指示僧人吃粥洗钵盂去的公案，然后说：“且道有指示无指示？若道有指示，向他道什么？若道

① （宋）赞宁：《宋高僧传》（上），中华书局 1987 年标点本，第 318 页。

② 《禅林僧宝传》卷一，《卍新纂续藏经》第 79 册，第 490 页上。

③ （宋）赜藏主编集：《古尊宿语录》（上），中华书局 1994 年标点本，第 268 页。

④ 同上书，第 275 页。

无指示，者僧何得悟去?”[①] 正是表达了对于语言的不立文字也不离文字的基本态度。

我们知道，禅宗是一个以拯救人类灵魂为宗旨的宗教，其任务之一就是要打破一切施加于心灵的枷锁，将人从非自然的“异化”状态中解脱出来。[②] 对于修禅者而言，束缚人的自然心灵之最大的枷锁，无过于祖师的经教言说，因为若迷信祖师的经教言说为解脱真谛，将会被其束缚；而将人从非自然的异化状态中解脱出来的最方便法门，也无过于祖师的经教言说，关键在于如何做到正确地对待语言本身。

五 不做掠虚汉

文偃禅师把那些执着于认为经教文字和祖师言论即是解脱真理的修行者，批评为掠虚汉。《云门广录》中多处记载了云门对这一掠虚之人的批评。例如：

问：“承教有言‘一切智智清净’时如何?”师便唾之。进云：“古人方便又作么生?”师云：“来，来！截却汝脚跟，换却汝髑髅。钵盂里拈却匙筋，拈却鼻孔来。”进云：“甚处有许多般?”师云：“者掠虚汉！”便打。[③]

问：“万机丧尽时如何?”师云：“与我拈佛殿来，与汝商量。”

① （宋）赜藏主编集：《古尊宿语录》（上），中华书局1994年标点本，第280页。
② 周裕锴：《百僧一案：参悟禅门的玄机》，上海古籍出版社2007年版，第79页。
③ （宋）赜藏主编集：《古尊宿语录》（上），中华书局1994年标点本，第259页。

进云："岂干他事？"师咄云："这掠虚汉！"①

问："目前荡尽时如何？"师云："热发作么。"其僧礼拜而退。师云："且来且来。"僧近前，师便棒，云："这掠虚汉唬我。"②

问："如何是向上事？"师云："截却汝肚肠，换却匙筋，拈将钵盂来看！"僧无对。师云："这掠虚汉。"③

文偃禅师有时也把这种人批评为"打野榸汉"。例如：

上堂云："今日与诸人举一则语，大众耸听。"良久有僧出礼拜，拟伸问次，师以拄杖趁云："似这般灭胡种，长连床上纳饭阿师，堪什么共语处？这般打野榸汉！"以拄杖一时趁下。④

上堂云："道即道了也。"时有僧出礼拜，欲伸问次，师拈拄杖便打，云："识什么好恶，这一般打野榸汉，总似这个僧，争消得施主信施？恶业众生，总在这里，觅什么干屎橛咬？"以拄杖一时趁下。⑤

从上述言论可以看出，云门文偃就把拘泥于从祖师经教言句中求取解脱智慧的这些学僧，批评为"掠虚汉"。这种掠虚汉，"知梵夹之虽传，为名相之所溺，认指忘月，得鱼执筌，但矜诵念以为功，不信己躬

① （宋）赜藏主编集：《古尊宿语录》（上），中华书局1994年标点本，第263—264页。

② 同上书，第263—264页。

③ 同上书，第265页。

④ 同上书，第262页。

⑤ 同上书，第265—266页。

之是佛"[①]。其实这种掠虚汉就是执着于葛藤语言的修行者，所以对掠虚汉的批评实际上也是对葛藤禅的批评。

云门对葛藤禅和掠虚汉的批评态度，往往是很激烈的。他甚至把葛藤禅所看重的"三乘十二分教""三世诸佛"和"天下老师言教"等比喻成粪坑，也曾激烈地说如果自己的门下有这样的掠虚汉，就直接将腿脚打折。文偃禅师曾上堂说：

> 我今日共汝说葛藤，屎灰尿火，泥猪疥狗，不识好恶，屎坑里作活计。所以道，尽乾坤大地，三乘十二分教，三世诸佛，天下老师言教，一时向汝眼睫上会取去。饶汝便向这里一时明得，亦是不著便汉。无端跳入屎坑，可中于我衲僧门下过，打脚折。[②]

当然，云门也指出，求解脱的学人变成了掠虚汉，部分的原因在于自己没有了悟解脱在自觉的真谛精神，还有一部分的原因在于有些禅师不解佛理，往往照葫芦画瓢，把好好的禅机说成了葛藤。云门曾说："诸方老秃奴，曲木禅床上坐地，求名求利，问佛答佛，问祖答祖，屙屎送尿也。三家村里老婆传口令相似，识个什么好恶？总似这般底，水也难消。"[③] 他也把这样的禅师批评为"脱空妄语汉"。本来在禅宗看来，世间万法的真实相状是一种"性空假有"的中道实相，即事物由于是依赖于条件而缘起的，缘起无自性故空；既然缘起了，事物就不能说

---

① （宋）赞宁：《宋高僧传》（上），中华书局1987年标点本，第318页。

② （宋）赜藏主编集：《古尊宿语录》（上），中华书局1994年标点本，第270页。

③ 同上书，第276页。

不存在，但又不是永恒的真实存在，所以是假有。当我们说万法皆空的时候，其实是说万法当体即空，并不是有个本体的“空”作为万物的本性能够独立显现出来而让我们去观去悟。执着的认为有个“空”的真实本体存在，参禅者可以越过万法的现象背后去观去修，恰恰是一种“脱空妄语”。《云门广录》中记载：

问：“承古有言，一尘遍含一切尘。如何是一尘？”师云：“乞嚓舌头，更将一问来！”问：“学人不问，师还答也无？”师云：“将汝口挂壁上不得。”问：“一切寻常时如何？”师云：“虽然屎臭气熏我，我且问你：昼行三千，夜行八百，你钵盂里什么处著？”僧无对。师云：“脱空妄语汉。”①

文偃禅师在游方行脚及住云门山讲法时，曾看到很多游方参学的僧人，一见到禅师首先便问“家风事”，将参禅的重点放在了记持话路、到处寻觅相似语句上。参云门的很多学僧也属此列。云门对这样参禅的行为进行了直接的批评，认为他们本来就沉沦生死中未实现觉悟，在解脱生死大事的过程中又受到祖师言语说教的束缚，由是离实现解脱觉悟之路越来越远，云门将这种情况比喻为“雪上加霜”，并苦口婆心地建议那些初心后学“莫空记说”。如云门禅师上堂云：

故知时运浇漓，代干像季。近日师僧北去，言礼文殊；南去，谓游衡岳。与么行脚，名字比丘，徒消信施，苦哉，苦哉！问著黑

① （宋）赜藏主编集：《古尊宿语录》（上），中华书局1994年标点本，第269页。

漆相似，只管取性过日。设有三个两个狂学多闻，记持话路，到处觅相似语句，印可老宿，轻忽上流，作薄福业，他日阎罗王钉钉之时，莫道无人向汝道。若是初心后学，直须摆动精神，莫空记说，多虚不如少实，向后只是自赚。①

又批评说：

我看汝诸人二三机中，尚不能构得，空披衲衣何益？你还会么？我为汝注破。久后到诸方，若见老宿举一指竖一拂子云："是禅是道？"拽拄杖打破头便行。若不如此，尽落天魔眷属，坏灭吾宗。汝若实不会，且向葛藤社里看。我寻常向汝道：微尘刹土中，三世诸佛，西天二十八祖，唐土六祖，尽在拄杖头说法，神通变现，声应十方。你还会么？若不会，且莫掠虚。虽然如此，且谛当实见，也未直饶到此田地，也未梦见衲僧沙弥在。三家村里，不逢一人。②

文偃禅师对掠虚汉的批评背后蕴含着禅宗对诸佛祖师的态度问题。对于诸佛祖师，禅宗有呵佛骂祖、超佛越祖之谈。一提及"超佛越祖"之谈，就会让人想起德山宣鉴禅师说"达摩是个老臊胡，释迦老子是干屎橛，文殊、普贤是担屎汉"的激烈言论。德山宣鉴就曾对学人请益尊宿提出批评。他说："莫学癫狂，每人担个死尸浩浩地走，到处向老秃

① （宋）赜藏主编集：《古尊宿语录》（上），中华书局 1994 年标点本，第 264 页。
② 同上书，第 268 页。

奴口里爱他涕唾吃，便道：‘我是入三昧，修蕴积行，长养圣胎，愿成佛果。’如斯辈等，德山老汉见，似毒箭入心，花针乱眼，辜负先圣，带累我宗。”① 这种激烈的禅风背后，体现的是禅师对包括诸佛与祖师在内的任何外在的偶像崇拜的否定和反抗。所以德山宣鉴主张仁者要自带眼目。他说：“仁者，莫取次看策子，寻句义，觅胜负。一递一口，何时休歇？老汉相劝不是恶事，切须自带眼目，辨取清浊，是佛语，是魔语，莫受人惑。所以殊胜名言，皆是老胡一期方便施设，且须休歇去，莫倚一物。”② 而到了云门文偃这里，他就说向人人自有光明在的“这里识取”：“汝等诸人是河南海北来，各各尽有生缘所在，还自知得么？试出来举看！老汉与汝证明，有么有么？汝若不知，老汉瞒汝去也。汝欲得识么？生缘若在向北，北有赵州和尚五台文殊总在这里。生缘若在向南，南有雪峰卧龙西院鼓山总在这里。汝欲得识么？向这里识取，若不见，莫掠虚。见么见么？若不见，且看老汉骑佛殿出去也。”③ 所以当弟子有“要识祖师”请教时，文偃禅师以拄杖指云：“祖师在你头上勃跳。要识祖师眼睛么？在你脚跟下。”④ 所以当弟子说“学人不会，请师指示”时，文偃禅师反问弟子：“我又辜你什么处？”⑤ 也曾举世尊初生下，一手指天，一手指地，周行七步，目顾四方云：“天上天下，唯我独尊。”文偃禅师云：“我当时若见，一棒打杀与狗子吃却，贵图天下太平。”⑥ 云门对祖师最激烈的话语莫过这一句。

---

① （宋）悟明集：《联灯会要》（下），海南出版社2010年点校本，第607页。
② 同上书，第610页。
③ （宋）赜藏主编集：《古尊宿语录》（上），中华书局1994年标点本，第266页。
④ 同上书，第284页。
⑤ 同上书，第262页。
⑥ 同上书，第297页。

自德山、临济呵佛骂祖，破除僧人对佛祖的崇拜之后，一般的学僧往往把“呵佛骂祖”的去偶像执着之精神仅仅流于表象，以为说几句呵佛骂祖的话就实现了超脱。可能这种现象到云门文偃所处的时代时已经非常严重了，所以在说法时，文偃禅师对这种只知道举呵佛骂祖的语言却没有真正理解其精神的僧人进行了严厉的批评，认为这样的僧人只是“学语之流”。如：

> 问：“古人道，知有极则事。如何是极则事？”师云：“争奈在老僧手里何？”进云：“某甲问极则事。”师便棒云：“吽吽，正当拨破，便道请益。这般底，到处但知乱统。近前来，我问你，寻常在长连床上商量：向上向下，超佛越祖。你道水牯牛还有超佛越祖的道理么？”僧云：“适来已有人问了也。”师云：“这个是长连床上学得底，不要有便言有，无便言无。”僧云：“若有，更披毛戴角作么？”师云：“将知你只是学语之流。”又云：“来，来！我更问你，诸人横担拄杖，道我参禅学道，便觅个超佛越祖底道理。我且问你，十二时中，行住坐卧、屙屎送尿，至于茆坑里虫子、市肆卖买羊肉案头，还有超佛越祖底道理么？”①

在云门看来，所谓“佛”“祖”不是别物，就是真实自己。因而，随缘任运的日常生活中，时时处处都是佛性的体现。既然如此，哪还有脱离了日常生活的佛祖等你去超越？德山、临济等的呵佛骂祖之谈，只是为了告诫你不要受佛经祖说的束缚，而要反求诸己，直接了悟自心自

① （宋）赜藏主编集：《古尊宿语录》（上），中华书局1994年标点本，第270—271页。

性本来是佛，不需向佛经祖师说法处寻觅。如果执着“呵佛骂祖”的做法本身，只能算是“学语之流”，并未真地领悟呵佛骂祖式的语言背后所蕴含的实现自我觉悟之真谛。所以文偃禅师说：“老和尚出世，只为你作个证明。你若有个入路，少许来由，亦昧汝不得；若实未得，方便拨你即不可。”①

文偃禅师认为，喜欢追问祖师西来传的到底是什么法的学僧，都是从舌头上学祖师，并不是真学。如有人问：“从上古德，以何为的？”文偃就说：“看取舌头。”② 这样的修行一事无成。文偃说：“话尽途中事，言多何省机。贵人言是妙。上士见知亏。大道何曾讨，无端入荒草。卷来复卷去，不觉虚生老。”③ 所以云门批评这样的行脚：

兄弟，一等是蹋破草鞋行脚，抛却师长父母，直须着些子眼睛始得。若未有个入头处，遇着本色咬猪狗手脚，不惜性命，入泥入水相为。有可咬嚼，眨上眉毛，高挂钵囊，十年二十年办取，出头莫愁不成办。直是今生未得，来生亦不失却人身。向此门中亦乃省力。不虚辜负平生，亦不辜负施主、师长、父母。直须在意，莫空过时。游州猎县，横担拄杖，一千里二千里走。这边经冬，那边过夏，好山好水，堪取性多斋供，易得衣钵。苦屈！苦屈！图他一斗米，失却半年粮。如此行脚有什么利益信心？檀越一把菜一粒米，怎么生消得？直须自看，无人替代。时不待人，一日眼光落地，前

① （宋）赜藏主编集：《古尊宿语录》（上），中华书局1994年标点本，第260页。
② 同上书，第261页。
③ 同上书，第278页。

头将何抵拟？莫一似落汤螃蟹，手脚忙乱。无你掠虚说大话处，莫将等闲空过时光。一失人身，万劫不复。不是小事，莫据目前。俗子尚云："朝闻道，夕死可矣。"况我沙门合履践何事！大须努力，珍重。①

通过对僧人行脚中掠虚现象的批评，文偃禅师谆谆教导修行应该"无尔掠虚说大话处，莫将等闲空过时光"，反对掠虚葛藤，主张实修实证。慧能禅宗一贯的宗旨是主张"实行"的。如慧能就说："'摩诃般若波罗蜜'者，唐言'大智惠彼岸到'。此法须行，不在口念。口念不行，如幻如化。……莫口空说，不修此行，非我弟子。"② 文偃禅师也主张实学实证实得。他说："举一则语，教汝直下承当，早是撒屎着你头上也。直饶拈一毛头，尽大地一时明得，也是剜肉作疮。虽然如此，也须是实到者个田地始得。若未，且不得掠虚。却须退步向自己脚根下推寻，看是什么道理。实无丝发许与汝作解会、与汝作疑惑。"③ 因此，文偃禅师甚至把禅学称为"实学"，并说"拈槌竖拂时节，于实学犹在半途"④。文偃禅师自己就有具体的实学实修，而他所作的《十二时偈》就是对修道过程中的具体心理体验的描述。《祖堂集》中收录此《十二时偈》云：

半夜子，命似悬丝犹未许，因缘契会刹那间，了了分明一

① （宋）赜藏主编集：《古尊宿语录》（上），中华书局1994年标点本，第260页。
② （唐）慧能著，郭朋校释：《坛经校释》，中华书局1983年版，第49—50页。
③ （宋）赜藏主编集：《古尊宿语录》（上），中华书局1994年标点本，第258页。
④ 同上书，第289页。

无气。

鸡鸣丑，一岁孙儿大哮吼。实相圆明不思议，三世法身藏北斗。

平旦寅，三昧圆光证法身。大千世界掌中收，色透髑髅谁得亲？

日出卯，嘿说心传道实教。心心相印息无心，玄妙之中无拙巧。

食时辰，恒沙世界眼中人。万法皆从一法生，一法灵光谁是邻？

禺中巳，分明历历不相似。灵源独曜少人逢，达者方知无所虑。

日中午，一部笙歌谁解舞。逍遥顿入达无生，昼夜法螺击法鼓。

日昳未，灌顶醍醐最上味。一切诸佛及菩提，唯佛知之贵中贵。

晡时申，三坛等施□为宾。无漏果圆一念修，六度同归净土因。

日入酉，玄人莫向途中走。黄叶浮沤赚杀人，命尽憧惶是了手。

黄昏戌，把火寻牛是底物。素体相呈却道非，奴郎不弁谁受屈？

人定亥，莫把三乘相疋配。要知此意现真宗，密密心心超三昧。[①]

文偃禅师指出修行者不应该做掠虚汉，需要有实修实证。那么，真正的修行是怎样的？文偃禅师主张随缘任运，自在修行，即主张从平常事中体悟佛法真谛。所以有僧希望“乞师指个入路”时，云门禅师便说：“吃粥吃饭。”[②] 有僧问：“和尚作么生下手拈掇？”文偃禅师便云：“拈取粪箕扫帚来！”[③] 而当有僧问“如何是切急一句”时，意思是请教教授学人领悟佛法的最重要的一句教法是什么时，无怪乎云门禅师用最平常的事来回答，那就是一个字“吃”。而当有学人问“如何是大乘修行”时，云门禅师则说：“一榼在手。”[④]“榼”是古代盛酒的器皿。可以想象，当学人满怀敬意地向禅师求教如何进行大乘修行时，禅师却说“一杯酒在手”，对学人的冲击力无疑是巨大的。这也不仅让我们想起了有关马祖道一的弟子大珠慧海的那则“饥来吃饭，困来即眠”的禅门著名公案。据《诸方门人参问语录》中载：

有源律师来问：“和尚修道，还用功否？”师（大珠慧海）曰：“用功。”曰：“如何用功？”师曰：“饥来吃饭，困来即眠。”曰：“一切人总如是，同师用功否？”师曰：“不同。”曰：“何故不同？”

---

① （南唐）静、筠二禅师编撰：《祖堂集》（下），中华书局2007年标点本，第513—515页。

② （宋）赜藏主编集：《古尊宿语录》（上），中华书局1994年标点本，第256页。

③ 同上书，第257页。

④ 同上。

师曰："他吃饭时不肯吃饭，百种须索；睡时不肯睡，千般计较。所以不同也。"律师杜口。①

云门文偃的一"吃"字与大珠慧海的"饥来吃饭，困来即眠"语有异曲同工之妙。所以当僧人问"如何是天然之事"时，云门禅师师反问道："蹋步向前作什么?"②

文偃禅师坚持认为"真空不坏有，真空不异色"③。吴经雄先生这样评说云门："云门惊人之处就在于他一面像火箭似的干云直上，可是当他下来时，却要随着生活上一切的波浪、朝水、暗流、漩涡浮游，因为这正是道在俗世的作用。"④ 可以说，文偃禅师的这种修行观是马祖道一以来，南宗禅"平常心是道"修行观的直接体现。《马祖道一禅师广录》中载马祖道一说："平常心是道。何谓平常心？无造作，无是非，无取舍，无断常，无凡无圣。"⑤ 而云门文偃也曾上堂云："诸和尚子莫妄想，天是天，地是地，山是山，水是水，僧是僧，俗是俗。"⑥ 其实，禅宗认为佛法真谛并没有神秘的，也并不遥远，这一真谛就在我们的日常生活中，所以天皇道悟曾说过"见则直下便见，拟思即差"⑦ 这样的禅语。因为"拟思即差"，所以"开口便错"。但为师者又必须接引学人，学人根机不同，自然需要通过言说的方式去启发觉悟。当然言说的方式不局

① 《诸方门人参问语录》，《卍新纂续藏经》第63册，第25页中。
② （宋）赜藏主编集：《古尊宿语录》（上），中华书局1994年标点本，第258页。
③ 同上书，第280页。
④ 吴经雄：《禅的黄金时代》，吴怡译，海南出版社2014年版，第177页。
⑤ 《马祖道一禅师广录》，《卍新纂续藏经》第69册，第3页上。
⑥ （宋）赜藏主编集：《古尊宿语录》（上），中华书局1994年标点本，第261页。
⑦ （宋）道元辑：《景德传灯录》（上），海南出版社2011年点校本，第402页。

限于语言机锋，也包括棒喝等方式，至于用何种方式打断学人“拟思”的参禅方式，可能就跟禅师的各自性格差异有关了。吴经雄指出：

> 禅师也像普通人一样可以分为两类，有些人是温吞吞的，有些人是非常急躁的。在五宗的祖师里，沩山、洞山和法眼是比较慢条斯理的，而临济和云门却是非常激烈急切的，其中临济比较激烈，云门比较急切。临济的方法像闪电攻击，他的一喝有如炮火的凶猛，无坚不摧，有如雄狮的怒吼，使万兽慑服。没有人碰到他，而不被他所砍的。假如他要攻击的话，是不放过任何一个人，哪管你是佛，菩萨或祖师。只要你有名，有位，他便派了“无位真人”立刻把你杀掉，可见临济是多么的可怕啊！但最可怕的还是云门！
>
> 临济只是杀掉那些他所遇到的人，而云门却要屠尽天下苍生。甚至在他们未生前，便要消灭干净。在他眼中，“无位真人”只是月的影子，已不值得去杀了。云门很少用喝，用棒。他像一位魔术师是用咒语杀人。他的舌头是出奇的毒辣，尤其他是一位口才非常好的禅师。①

在禅宗看来，真正的般若智慧是不落言诠的；既然不落言诠，当然也就不能用语言去表述这不可言说的智慧真谛。当有僧人问：“言诠不及处，如何体会？”云门禅师说：“对众快礼三拜。”② 暗示僧人通过自己的实际行动自己去体会。云门对葛藤禅和掠虚汉的批评，与他提示学

① 吴经雄：《禅的黄金时代》，吴怡译，海南出版社 2014 年版，第 167 页。
② （宋）赜藏主编集：《古尊宿语录》（上），中华书局 1994 年标点本，第 264 页。

僧人人本有光明的佛性存在，不需向外苦苦追索的教诲是一致。正如禅诗所说的："终日寻春不见春，芒鞋踏遍陇头云。归来笑拈梅花嗅，春在枝头已十分。"① 这也不禁使我们想起了王阳明《咏良知四首示诸生》中那首很有名的诗："无声无臭独知时，此是乾坤万有基。抛却自家无尽藏，沿门持钵效贫儿。"② 这正应了陆象山的那句感慨至极的话："东海有圣人出焉，此心同也，此理同也。西海有圣人出焉，此心同也，此理同也。南海北海有圣人出焉，此心同也，此理同也。千百世之上至千百世之下，有圣人出焉，此心此理，亦莫不同也。"③ 当然，若拘泥于禅师不修葛藤禅、不做掠虚汉的教诲，又把经教和祖师视为阻碍自己觉悟的魔障而刻意去回避，则又陷入对否定性的教诲之言的执着。对于这样的学僧，云门又是这样教诲的：

问："从上古德，得个什么便称尊贵?"师云："爱问不爱答。"进云："与么则不假和尚舌头嚼去也。"师云："熨斗煎茶，铫不同。"④

既然人人本有光明在，所以不需要讲葛藤禅，也不需要做掠虚汉，只要做一个自觉自悟的主人公就行。要自觉自悟就不能迷信他人。在一段很重要的对话中，云门文偃禅师就明确地告诉学僧"他古圣勿奈尔

① 《楞严经宗通》卷五，《卍新纂续藏经》第16册，第835页中。

② （明）王阳明原著，（明）施邦曜辑评：《阳明先生集要》，中华书局2008年版，第1008页。

③ （宋）陆九渊：《陆九渊集》，中华书局1980年版，第483页。

④ （宋）赜藏主编集：《古尊宿语录》（上），中华书局1994年标点本，第262页。

何”，并劝告修行解脱的禅僧不要修葛藤禅，不要做掠虚汉。就算确实是没有寻找到悟入佛法真谛的门户，也需要自己“独自参详”，其实也只能自己独自参详。所以云门文偃说：

> 见人道著祖师意，便问超佛越祖之谈。你且唤什么作佛，唤什么作祖？即说超佛越祖之谈，便问个出三界。你把将三界来，有什么见闻觉知隔碍着你？有甚声色法与汝可了？了个什么椀？以那个为差殊之见？他古圣勿奈尼何。横身为物，道个举体全真，物物觌体不可得。我向汝道，直下无事，早是相埋没了也。你若实未得个入头处，且中独自参详。除却著衣吃饭，屙屎送尿，更有什么事？无端起得如许多般妄想作什么？更有一般底如等闲相似。聚头举得个古人话，识性记持，妄想卜度，道我会佛法了也。只管说葛藤，取性过日，更嫌不称意。千乡万里抛却父母师资，作这去就，这个打野榸汉，有什么死急行脚去?①

因此，文偃禅师有时会说：“诸方尽向绳墨里脱出，我者里即不然。”而当时就有僧问：“未审和尚如何?”师云：“草鞋三十文买。”②所谓“绳墨”指的是经教文字与祖师言说，文偃认为执着于此获得不了解脱。所谓“草鞋三十文买”指的是生活日用之事，文偃认为解脱就在这自在的生活中。所以葛兆光先生指出：“唐五代禅僧中，有不少原来就是士大夫，他们的加盟，提高了禅宗队伍的中国文化素养，也在禅宗

① （宋）赜藏主编集：《古尊宿语录》（上），中华书局1994年标点本，第263页。
② 同上书，第295页。

思想方法上染上了一层浓重的中国色彩。这时的禅宗，越来越远离了印度禅学中那无穷无尽的有关本体的讨论，繁琐细密的逻辑推论，厌世出世的生活观念和苦行瞑坐的禅定方式，一变而为中国式的禅宗，它是直观地探索人的本性的伦理学，是应对机智、游戏三昧、表现悟性的对话艺术，是自然清净、行卧自由的生活方式与人生情趣的结合。”①

强调自证自悟、自我解脱的南宗禅，把人对一切外在的佛祖对象的崇拜拉回到对自心自性的直觉，把自我本性的显现视为觉悟解脱。方立天先生指出，超越精神是禅宗精神。超越是禅宗思想的本质，超越现实矛盾、生命痛苦，追求思想解放，心灵自由，是禅宗追求的理想目标，它如一条红线贯串于整个禅宗思想体系之中。② 所谓超越，归根究底总是主张要从一种境地走向另一种境地。那么，禅宗要超越的是何种境地？是生死的境地。死亡，对他而言是最个性化的体验，因为“死亡，我的死亡或别人的死亡，总是镌刻着不可替代的姓和名。惟其如此，死亡是最具个体化，同时也是最平等的事情。在生死关头，谁也不比谁强，谁也不比谁弱，尤其是谁都不能成为他者。在临死之际，任何人都完完全全只是他自身，而不可能是他人”③。这可能就是禅宗说解脱只能自己解脱的原因所在。因为解脱的目的是超脱死亡。在死亡面前，谁也不能帮助你，只能依靠自己。

而一旦实现了对生死的超越，即“当你一旦见到了自性，你便会超

① 葛兆光：《禅宗与中国文化》，上海人民出版社 1986 年版，第 37 页。

② 方立天：《禅宗精神——禅宗思想的核心、本质及特点》，《哲学研究》1995 年第 3 期。

③ ［西］费尔南多·萨瓦特尔：《哲学的邀请：人生的追问》，林经纬译，北京大学出版社 2007 年版，第 15 页。

脱了由无知和贪心的小我所形成的一切障碍和恐惧。使你作于快乐，游于快乐，生于快乐，死于快乐”[①]。所以有人问：“如何是学人自己?”文偃禅师回答说：“游山玩水。”[②] 这也就是吴经雄先生认为最能表现云门文偃自己内在美丽境界的一句话是“日日是好日”的原因所在。[③]

语言虽然不是道，但禅师的语言总是他的道的随机显现。对于我们这些还未觉悟的求道者而言，离了禅师的语言总是有无法理解禅师之道的感慨。为霖道霈禅师曾如此赞云门文偃禅师：

睦州门下折驴脚，象骨岩前觅蛇踪。
寄语上山贼捉贼，低头合妙空归空。
遍参洞下诸尊宿，建立云门三句宗。
月到天心谁顾鉴，三门合掌笑灯笼。[④]

对于我们来说，云门文偃禅师的语录，作为一个从伟大心灵中自然流露出的动人言语，值得我们用平生的智慧去细细地解悟。

① 吴经雄：《禅的黄金时代》，吴怡译，海南出版社2014年版，第178页。
② （宋）赜藏主编集：《古尊宿语录》（上），中华书局1994年标点本，第255页。
③ 吴经雄：《禅的黄金时代》，吴怡译，海南出版社2014年版，第178页。
④ 《为霖道霈禅师秉拂语录》卷下，《卍新纂续藏经》第72册，第588页中。

附录一　《云门文偃禅师年谱》

唐懿宗咸通五年（甲申，864）

文偃禅师出生。

雷岳《云门行录》载："师讳文偃，姓张氏，世为苏州嘉兴人，寔晋王冏东曹参军翰十三代孙也。"

慧洪《禅林僧宝传》载："（文偃）性豪爽，骨面丰颊，精锐绝伦，目纤长，瞳子如点漆，眉秀近睫，视物凝远。"

唐懿宗咸通十一年—十二年（庚寅—辛卯，870—871）

文偃禅师髫龀之际（七岁至八岁）。

文偃依空王寺志澄律师出家，为童子。

文偃禅师《遗表》载："臣迹本寒微，生从草莽，爰自髫龀，切慕空门，洁诚誓屏于他缘，锐志唯探于内典。"

雷岳《云门行录》载："师夙负灵姿，为物应世。故才自髫龀，志尚率己厌俗。遂依空王寺志澄律师出家为弟子。以其敏质生知，慧辩天纵，凡诵诸典无烦再阅，澄深器美之。”

唐僖宗广明元年（庚子，880）

文偃禅师十七岁。

文偃依空王寺志澄禅师剃度，受沙弥戒。

《祖堂集卷十一·云门》载：“年十七，依空王寺澄律禅师下受业。”

唐僖宗中和三年（癸卯，883）

文偃禅师二十岁。

《祖堂集》认为，唐僖宗中和三年（833），文偃在常州毗陵戒坛受具足戒，后仍归空王寺侍志澄禅师数年，精研《四分律》。《云门山志》认为，唐僖宗中和四年（844），文偃受具足戒于常州毗陵坛。

《祖堂集卷十一·云门》载：“年登癸卯，得具尸罗，习《四分》于南山，听三车于中道。”

《云门山志·偃祖传记》载：“师年二十一（唐僖宗中和四年甲辰—公元八八四）受具足戒于常州毗陵坛。”

唐僖宗文德元年（戊申，888）

文偃禅师二十五岁。

因己事未明，文偃禅师离开志澄律师，往参睦州陈尊宿。来去数月后，因陈尊宿说“秦时轅轹钻”而得悟。得旨后，在陈尊宿的弟子睦州刺史陈操家中住了三年。将迁化时，陈尊宿指示文偃参雪峰义存禅师。陈尊宿示化，舍利如雨，寿九十八，腊七十六。

冯学成《云门宗史话》认为："依佛教律仪，比丘在五夏以前，应专精戒律，五夏以后，方许听教参禅。志澄是律师，必然谨遵律仪，所以云门大师在空王寺最少修律五年。五年后，因其'毗尼严净，悟器渊发'，在求悟证道热情的激励下，自然会如唐末众多比丘一样，外出行脚参禅，当时禅德最高、路途又就近的当然是睦州陈尊宿了。"

雷岳《云门行录》载："既毗尼严净，悟器渊发，乃辞澄谒睦州道踪禅师。……师初往参，三扣其户，踪才启关。师拟入，踪托之云：'秦时𨍏轹钻。'因是释然朗悟。既而咨参数载，深入渊微。踪知其神器充廓，觉辕可任，因语之曰：'吾非汝师，今雪峰义存禅师可往参承之，无复留此。'"

雷岳《实性碑》载："乃辞澄谒睦州道踪禅师，则黄檗之派也。一室常闭，四壁唯空，或复接人，无容伫思。师卷舒得志，径往扣门，禅师问：'谁？'师曰：'文偃。'禅师关门云：'频频来作什么？'师云：'学人己事不明。'禅师曰：'秦时𨍏轹钻。'以手托出闭门，师因是发明。又经数载，禅师以心机秘密，关钥弥坚，知师终为法海要津，定作禅天朗月，因语师云：'吾非你师，莫住。'"

陈守中《碑铭》载："因闻睦州道踪禅师关钥高险，往而谒之。来去数月，忽一日禅师发问曰：'频频来作什么？'对曰：'学人己事不明。'禅师以手推出云：'秦时𨍏轹钻。'师因是发明，征而有理。经数载，策杖入闽，造于雪峰会下，三礼之后，雪峰和尚颇形器重之色。"

《雪峰义存禅师语录》载："云门参睦州和尚，得旨后，造陈操侍郎宅，经三载。续回，礼谒睦州。州云：'南方有雪峰和尚，汝何不去彼中受旨？'"

《碧岩录》载："云门初参睦州，州旋机电转，直是难凑泊。……后于陈操尚书宅，住三年。"

唐昭宗景福元年（壬子，892）

文偃禅师二十九岁。

文偃依陈尊宿师命，入岭参雪峰义存。在雪峰会中，文偃朝昏参问，寒燠屡迁，一住三年。

雷岳《云门行录》载："师依旨入岭造雪峰，温研积稔，道与存契，遂密以宗印付之。"

雷岳《实性碑》载："师遂入闽，才登象骨，直奋鹏程。因造雪峰会，三礼欲施，雪峰乃云：'因何得到与么？'师不移丝发，重印全机，虽等截流，还同戴角。由是学徒千余，凡圣莫审。师昏旭参问，寒燠屡迁，抠衣惟切于虚心，得果莫输于实服。因有僧问雪峰云：'如何是触目不见道，运足焉知路？'峰云：'苍天！'僧不明，问师，师曰：'两斤麻一匹布。'僧后闻于峰，峰云：'噫！我常疑个布衲。'师于会里，密契玄机。"

陈守中《碑铭》载："经数载，策杖入闽，造于雪峰会下，三礼之后，雪峰和尚颇形器重之色。是时千人学业，四众咸归，肃穆之中，凡圣莫测。师朝昏参问，寒燠屡迁，昂鹤态于群流，闭禅扉于方寸。因有僧问雪峰曰：'如何是触目不见道，运足焉知路？'雪峰曰：'咩！'其僧不明，举问师此意如何，师曰：'两斤麻，一匹布。'僧又不明，复问何义？师曰：'更奉三尺竹。'僧后闻于雪峰，峰曰：'噫！我常疑个布衲。'其后颇有言句，繁而不书。"

《碧岩录》载：“睦州指往雪峰处去，至彼出众便问：‘如何是佛?’峰云：‘莫寐语。’云门便礼拜，一住三年。”

唐昭宗乾宁二年—后梁太祖乾化元年（乙卯—辛未，895—911）

文偃禅师三十二岁至四十八岁。

文偃在雪峰义存禅师处得法印后，到各地参访丛林尊宿，困风霜于十七年间，涉南北于数千里外。

文偃禅师《遗表》载：“其或忘餐待问，立雪求知，困风霜于十七年间，涉南北于数千里外，始见心猿罢跳，意马休驰。”

后梁太祖乾化元年（辛未，911）

文偃禅师四十八岁。

文偃行脚至广东，先礼曹溪六祖塔，旋谒灵树如敏禅师，为首座。

雷岳《实性碑》载：“辛未礼于曹溪，旋谒灵树，故知圣大师以心机相露，胶漆契情。”

陈守中《碑铭》载：“辛未届于曹溪，旋遏灵树，故知圣大师如敏长老以识心相见，静本略同，俦侣接延。”

后梁贞明三年（丁丑，917）

文偃禅师五十四岁。

灵树如敏禅师将入灭，欲文偃踵其席。是年，刘岩建立南汉政权，都番禺（今广州），初国号大越，次年改国号为汉。

雷岳《云门行录》载：“洎知圣将示灭，欲师踵其席，乃潜书秘函

中，谓门弟子曰：‘吾灭后，上或幸此，请以遗上。’果会驾幸山。知圣预测上至，乃升堂跏趺而终。及帝至，已灭矣。帝询师遗示，门人出函奉之。上启函得书云：‘人天眼目，堂中上座。’帝乃敕刺史何希范具礼，命师以袭法会。”

雷岳《实性碑》载：“岁在丁丑，知圣一日召师及学徒曰：‘吾若灭后，必遇无上人为吾荼毗。’”

陈守中《碑铭》载：“仅逾八载，丁丑，知圣忽一日召师及学徒语曰：‘吾若灭后，必遇无上人为吾荼毗。’”

后梁贞明四年（戊寅，918）

文偃禅师五十五岁。

灵树如敏禅师迁化。刘岩召见文偃禅师，特恩赐紫。

雷岳《实性碑》载：“至戊寅，高祖天皇大帝巡狩韶石，至于灵树，知圣迁化，果契前约。敕为蒸之，获舍利，塑形于方丈。于时诏师入见，特恩赐紫。”

陈守中《碑铭》载：“及戊寅岁，知圣大师顺寂，恰遇高祖天皇大帝驾幸韶阳，至于灵树，敕为焚蒸，果契前言也。师是时奉诏对扬，便令说法，授以章服。”

后梁贞明五年（乙卯，919）

文偃禅师五十六岁。

文偃接替灵树如敏禅师为住持，开堂说法。

雷岳《实性碑》载：“次年，敕师于本州厅开堂。师于是踞知圣筵，说雪峰法，实谓禅河汹涌，佛日辉华，道俗数千，问答响应。郡守何公希范礼足曰：‘弟子请益。’师曰：‘目前无异草。’有学人问：‘如何是本来心?’师云：‘举起分明。’”

陈守中《碑铭》载：“次年，又赐于本州为军民开堂。师据知圣筵，说雪峰法。牧守何希范礼足曰：‘弟子请益。’师曰：‘目前无异草。’是日问禅者接踵，其对答备传于世。”

后梁龙德三年—后唐天成三年（癸未—戊子，923—928）

文偃禅师六十岁。

文偃倦于延接，志在幽清，奏乞移庵，帝允，领众开云门山，五年功成。双峰竟钦参访云门，尝为云门募修《大藏》。

雷岳《云门行录》载：“后徙居云门山。鼎革废址，大新栋宇。”

雷岳《实性碑》载：“尔后大师心唯恬默，奏乞移庵，敕允。癸未，领学者开云门山，五载功成，四周云合。殿宇之檐楹翼翥，房廊之高下鳞差，邃壑幽泉，挫暑月而寒生产牖：乔松修竹，冒香风而韵杂宫商。近于三十来秋，不减半千之众，岁纳他方之供，日丰香积之厨，有殊舍卫之城，何异灵山之会。院主师傅大德表奏院毕，敕赐‘光泰禅院’额及朱记。”

陈守中《碑铭》载：“师尔后倦于延接，志在幽清，奏乞移庵，帝命俞允。癸未，领众开云门山。构创梵官，数载而毕。莫不因高就远，审地为基，层轩邃宇而涌成，花界金绳而化出。晓霞低覆，绛帷微衬于雕楹：夕露散垂，珠网轻笼于碧瓦。匼匝尽奇峰秀岭，逶迤皆泼黛堆蓝。泉幽而声激珠玑，松老而势拿空碧。由是庄严宝相，合杂香厨，抠衣者岁溢千人，拥锡者云来四表。庵罗卫之林畔，景象无殊；耆阇崛之山中，规模非异。院主师傅表奏造院毕功，敕赐额曰‘光泰禅院’。”

《南汉书》载：“僧竟钦，姓王氏，蜀之益州人。初，投峨眉洞溪山黑水寺为释子。年二十一，具戒巡礼。居数年，闻高祖称号，崇重西教，来游岭表。时文偃领众开云门山，参学岁千人。竟钦入谒与语，尽得其指。归，尝为云门募修《大藏》，函帙完备。”

后晋天福三年（戊戌，938）

文偃禅师七十五岁。

南汉高祖皇帝诏师入阙，亲问禅法。授文偃禅师左右街僧录，文偃默而不对。高祖放文偃归山，并加师号曰“匡真”。

雷岳《实性碑》载：“至戊戌岁，高祖天皇大帝诏师入阙，帝亲问：‘如何是禅?’师云：‘圣人有问，臣僧有对。’帝曰：‘作么生对?’师云：‘请陛下鉴臣前语。’帝悦云：‘知师孤介，朕早钦敬!’宣下授师‘左右街僧录’，师默而不对。复宣下左右曰：‘此师修行已知蹊径，应不乐荣禄。’乃诏曰：‘放师归山可乎?’师欣然三呼‘万岁’。翌日赐内帑、香药、施利、埔货等回山，并加师号曰‘匡真’。”

陈守中《碑铭》载：“至戊戌岁，高祖天皇大帝诏师入阙，朝对有容，因宣问曰：‘作么生是本来心?’师曰：‘举起分明。’帝知师洞韫玄机，益加钦敬，其日，欲授师左右街大僧录，逊让再三而免。翌日，赐师号曰‘匡真大师’。延驻浃旬，赐内帑银绢香药遣回本院。”

后晋天福八年（癸卯，943）

文偃禅师八十岁。

南汉刘晟杀兄刘玢自立，改元应乾。刘晟诏文偃禅师入内供养月余，并预赐为塔额“宝光之塔”“瑞云之院”。

雷岳《实性碑》载：“恭惟我当今大圣文武玄德大明至道大广孝皇帝，岁在单阏，运圣谟而手平内难，奋神武而力建中兴，恩拯八纮，道弘三教，乃诏师入内，经月供养，赐六珠衣一袭及香药、施利等而回。并御制塔额，预赐为“宝光之塔”、‘瑞云之院’。”

陈守中《碑铭》载：“寻遇中宗文武光圣明孝皇帝，缵承鸿业，广布皇风，廓静九围，常敬三宝。复降诏旨命师入于内殿供养月余，乃赐六珠衣、钱绢香药等，却旋武水，并预赐塔院额曰‘瑞云之院’、‘宝光之塔’。”

雷岳《实性碑》载刘晟诏见文偃禅师“岁在单阏”。《尔雅·释天》中说：“（太岁）在卯曰单阏。”《史记·天官书》中说：“单阏岁，岁阴在卯、星居子。”单阏是卯年的别称。“大圣文武玄德大明至道大广孝皇帝”指南汉中宗刘晟，943—958 年在位，按干支纪年是癸卯至戊午。卯年或为癸卯，或为乙卯。其中，乙卯为 955 年，而文偃禅师已逝。故“岁在单阏”当指岁在癸卯。

后汉乾祐元年（戊申，948）

文偃禅师八十五岁。

七月至九月，文偃禅师入京为南汉皇帝刘晟说法。是年，云门弟子守初住洞山。

《佛祖纲目》载：“乾祐元年七月十五日，王迎偃至内问道。九月还山，谓众曰：‘我离山得六十七日，且问汝六十七日事作么生?’众莫能

对。偃代曰：‘何不道和尚京中吃面多。’”

《宗统编年》载：“戊申年，禅师守初住洞山。”

后汉乾祐二年，南汉乾和七年（己酉，949）

文偃禅师八十六岁。

四月十日，文偃禅师示灭，令侍者修表告别君王，自扎遗诫，付法于白云山实性大师志庠（亦作子祥）。众议为实性已传道育徒，乃革命，由在会门人法球以继师席。是日子时，文偃禅师顺世。寿龄八十六，僧腊六十六。

四月二十五日，诸山尊宿并道俗千余人，送文偃禅师入塔。雷岳撰《云门山光泰禅院匡真大师行录》。

雷岳《云门行录》载：“师以乾和七年己酉四月十日顺寂。夙具表以辞帝，兼述遗诫。然后跏趺而逝。……时己酉岁孟夏月二十有五日，集贤殿雷岳撰。”

雷岳《实性碑》载：“侍者奉汤，师付盌子曰：‘第一是吾著便，第二是汝著便，记取！’遣修表祝别皇王，乃自扎遗诫曰：‘吾灭后，汝等弗可效俗教，著孝服哭泣，备丧车之礼，否则违佛制，有紊禅宗也。’付法于白云山实性大师志庠，实师会下已匡徒众。己酉岁四月十日子时，师顺世。……月二十有五，诸山尊宿具威仪，道俗千数，送师于浮图，灵容如昔，依师训塔于当山方丈内。法龄七纪二，僧腊六旬六。”

陈守中《碑铭》载：“于屠维作噩之岁，四月十日，寝膳微爽，动止无妨，忽谓诸学徒曰：‘来去是常，吾当行矣。’乃命侍者奉汤，师付汤碗于侍者曰：‘第一是吾著便，第二是你著便。’亟令修表告别君王，乃自扎遗诫曰：‘吾灭后，不得效俗家著孝衣哭泣，备丧车之礼，则违我梵行也。’付法于白云山实性大师志庠。其日子时暝目，怡颜叠足而化。……以当月二十有五日，诸山尊宿，四界道俗，送师入塔。寿龄八十六，僧腊六十六。”

后周广顺元年　南汉乾和九年（辛亥，951）

四月二十九日，雷岳撰、薛崇誉书《大汉韶州云门山光泰禅院故匡真大师实性碑并序》完成，在武德殿进呈奉敕宣赐。

雷岳《实性碑》载：“岳锼冰艺拙，映雪功疏，自愧斐然，滥承厚辞，编成实性。……其本岁在重光太溯献正阳月二十有九，在武德殿进呈奉敕宣赐。内门使、监集贤殿御书院、给事郎、守内侍省内常侍、上柱国、赐紫金鱼袋雷岳撰。内五金使、充北司都录事、银青光禄大夫、行内内侍省内常侍、监集贤殿御书院、上柱国、赐紫金鱼袋薛崇誉书。”

按雷岳的记载，《实性碑》撰成的时间是“其本岁在重光太溯献正阳月二十有九”。《尔雅·释天》中说：“（太岁）在辛曰重光。”所以重光指辛。《尔雅·释天》中说：“（太岁）在亥曰大渊献。”太溯献疑当为大渊献，指亥。故“重光太溯献”当为辛亥。

后周世宗显德五年　南汉后主刘鋹大宝元年（戊午，958）

十二月一日，南汉后主刘鋹立《大汉韶州云门山光泰禅院故匡真大师实性碑并序》。

雷岳《实性碑》载：“汉大宝元年岁次戊午十二月一日建。”

宋太祖乾德元年　南汉后主刘鋹大宝六年（癸亥，963）

八月，阮绍庄梦见文偃禅师托其言于李托，奏请开塔。南汉后主刘鋹迎接文偃禅师真身入京供养，赠文偃禅师“大慈云匡圣宏明大师”之号，证真禅寺升为大觉禅寺。

陈守中《碑铭》载：“至大宝六年岁次癸亥八月，有雄武军节度推官阮绍庄，忽于梦中见大师在佛殿之上……当月二十九日宣下李托部署却回山门。”

《祖庭事苑》载：“本朝太祖乾德元年，感阮绍庄之梦，时进李托奏上之。发塔得全身，容止如生，迎赴阙供养。既而得旨，归葬于本山。谥号大慈云匡真弘明大师。”

《南汉书》载：“（大宝六年）秋八月，迎韶州证真寺故僧文偃骸骨，供奉于宫中。冬十月，赠故僧文偃为大慈云匡圣宏明，升证真寺为大觉禅寺。”

宋太祖乾德二年　南汉后主刘鋹大宝七年（甲子，964）

南汉后主刘鋹命陈守中撰《大汉韶州云门山大觉禅寺大慈云匡圣宏明大师碑铭并序》。

《南汉书》载：“守中博览群籍，富赡词翰，著作为当时词臣之冠。生平最精通内典。大宝七年，升云门山证真寺为大觉禅寺，命撰碑记，多至三千余言。”

附录二 《云门文偃禅师主要传记文献》

一 《云门山光泰禅院匡真大师行录》[①]

师讳文偃，姓张氏，世为苏州嘉兴人，实晋王冏东曹参军翰十三代孙也。师夙负灵姿，为物应世。故才自髫龀，志尚率己厌俗。遂依空王寺志澄律师出家为弟子。以其敏质生知，慧辩天纵，凡诵诸典，无烦再阅，澄深器美之。及长落发，禀具于毗陵坛。后还澄左右，侍讲数年。赜穷《四分》旨，既毗尼严净，悟器渊发，乃辞澄谒睦州道踪禅师。踪，黄檗之裔也，知道不偶世，引已自处，潜居古伽蓝。虽揖世高蹈，而为世所慕。凡应接来者，机辩峭捷，无容伫思。师初往参，三扣其户，踪才启关。师拟入，踪托之云："秦时䡨轹钻。"因是释然朗悟。既而咨参数载，深入渊微。踪知其神器充廓，觉辕可任，因语之曰："吾非汝师。今雪峰义存禅师可往参承之，无复留此。"师依旨入岭造雪峰，

① 转引自（宋）赜藏主编集《古尊宿语录》（上），中华书局1994年标点本，第346—348页。

温研积稔，道与存契，遂密以宗印付之。由是回禀存焉。师参罢出岭，遍谒诸方，覆穷殊轨，锋辩险绝，世所盛闻。后抵灵树知圣禅师道场。知圣夙已忆其来。忽鸣鼓告众，请往接首座。时师果至。先是知圣住灵树凡数十年，堂虚首席，众屡请命上座，知圣不许。尝曰："首座才游方矣。"及师至，始命首众焉。洎知圣将示灭，欲师踵其席，乃潜书秘函中，谓门弟子曰："吾灭后，上或幸此，请以遗上。"果会驾幸山。知圣预测上至，乃升堂跏趺而终。及帝至，已灭矣。帝询师遗示，门人出函奉之。上启函得书云："人天眼目，堂中上座。"帝乃敕刺史何希范具礼，命师以袭法会。上于是钦美之，累召至阙。每所顾问，酬答响应。帝愈揖服，遂赐紫袍师名。

后徙居云门山，鼎革废址，大新栋宇。师自衡踞祖域，凡二纪有半。风流四表，大弘法化。禅徒凑集，登门入室者，莫可胜纪。今白云山实性大师乃其甲也。师以乾和七年己酉四月十日顺寂。夙具表以辞帝，兼述遗诫。然后跏趺而逝。寻奉敕赐塔额，以师遗旨，令置全躯于方丈中。或上赐塔额，只悬于方丈，勿别营作。门人乃依教瘗师于丈室，以为塔焉。师先付法于弟子实性，俾绍觉场。佥议为实性已传道育徒，乃革命。在会门人法球以继师席。呜呼！世导云灭矣。擿植冥行者，何所从适哉！岳幸参目师之余化，知师所为之大略，敢不书之以贻方来！时己酉岁孟夏月二十有五日，集贤殿雷岳撰。

二 《大汉韶州云门山光泰禅院故匡真大师实性碑并序》[1]

雷 岳

详夫水月定形，觉浮生之可幻；火莲发艳，知实性之宜修。故妙果圆明，寂尔不生不灭：真如常住，湛然而无去无来。祛其华则是色皆空，存其实则众魔咸折。亦犹山藏白玉，泥涂不能污其珍；沼出青莲，尘垢不能染其质者也。则故匡真大师业传西裔，性达南宗，戒珠朗而慧日融光，觉海扬而慈霖普润。示非无法之说，若电翻辉；应真空不空之谈，如钟逐扣。嘉以心唯清净，道本慈悲，常挑智慧之灯，洞照昏衢之路，将俟化周有截，终其证彼无为。故我释迦如来厌绮罗丝竹之音，痛生老病死之苦，逾金城而学道，依坛持以修真，六载成功，万法俱熟。为四十九年慈父，演八万四千法门，现千百亿化身，遍娑婆世界，说多多缘起，开种种导门，誓化迷伦，令超正觉。于时求法宝者是诸沙数，得道者于意云何？小则证须陁洹、斯陁含，大则超阿罗汉、辟支佛。卷舒自在，莲花中藏十二音声；变现无穷，芥子内纳三千国土。尔后化缘将毕，示灭双林，即以法及衣传于迦叶，叶传阿难，难传商那和修，修传优波鞠多，如此辗转相传，俾令常住世不灭矣。洎至于曹溪大圆满至真超觉大师，是为第三十三祖：若只认达摩禅师传衣法至于曹溪，则中

---

[1] 以《唐文拾遗》卷四十八《匡真大师塔铭》为底本，参考岑学吕编、仇江整理《云门山志》(上海古籍出版社2014年版）中所收录《大汉韶州云门山光泰禅院故匡真大师实性碑并序》进行校对。

华推为第六祖焉。故西来智药三藏驻锡曹溪云："一百七十年后，当有无上法宝肉身菩萨于曹溪兴化，学道者如林。"故号曹溪为"宝林"。自祖师成等正觉后，现有一百六十九员生身菩萨遍在诸方行化，尔后得道者莫知其数，皆曹溪之裔也。故匡真大师，又嗣于一叶焉。

师讳文偃，姓张氏，晋齐王同东曹参军翰十三代孙也。翰知世将泯，见机休禄，徙于江浙，故胤及我师生于苏州嘉兴郡。师幼慕出尘，乃栖于嘉兴空王寺志澄律师下为童，凡读诸经，无烦再阅。及长落彩，具足于常州坛。后侍澄公讲数年，倾穷四分指归，乃辞澄谒睦州道踪禅师，则黄檗之派也。一室常闭，四壁唯空，或复接人，无容伫思。师卷舒得志，径往扣门，禅师问："谁?"师曰："文偃。"禅师关门云："频频来作什么?"师云："学人己事不明。"禅师曰："秦时轋轹钻。"以手托出闭门，师因是发明。又经数载，禅师以心机秘密，关钥弥坚，知师终为法海要津，定作禅天朗月，因语师云："吾非你师，莫住。"师遂入闽，才登象骨，直奋鹏程。因造雪峰会，三礼欲施，雪峰乃云："因何得到与么?"师不移丝发，重印全机，虽等截流，还同戴角。由是学徒千余，凡圣莫审。师昏旭参问，寒燠屡迁，抠衣惟切于虚心，得果莫输于实服。因有僧问雪峰云："如何是触目不见道，运足焉知路?"峰云："苍天!"僧不明，问师，师曰："两斤麻一匹布。"僧后闻于峰，峰云："噫！我常疑个布衲。"师于会里，密契玄机，因是出会，遍谒诸山尊宿，颇有言句，世所闻之。后雪峰迁化，学徒乃问峰"佛法付谁?"峰云："遇松偃处住。"学徒莫识其机，偃者，盖师名也。至今雪峰遗诫，不立尊宿。辛未，礼于曹溪，旋谒灵树，故知圣大师以心机相露，胶漆契情。岁在丁丑，知圣一日召师及学徒曰："吾若灭后，必遇无上人为

吾荼毗。”至戊寅，高祖天皇大帝巡狩韶石，至于灵树，知圣迁化，果契前约。敕为蒸之，获舍利，塑形于方丈。于时诏师入见，特恩赐紫。次年敕师于本州厅开堂。师于是踞知圣筵，说雪峰法，实谓禅河汹涌，佛日辉华，道俗数千，问答响应。郡守何公希范礼足曰：“弟子请益。”师曰：“目前无异草。”有学人问：“如何是本来心？”师云：“举起分明。”别有言句，录行于世。

尔后大师心唯恬默，奏乞移庵，敕允。癸未，领学者开云门山，五载功成，四周云合。殿宇之檐楹翼翥，房廊之高下鳞差，邃壑幽泉，挫暑月而寒生产牖：乔松修竹，冒香风而韵杂宫商。近于三十来秋，不减半千之众，岁纳他方之供，日丰香积之厨，有殊舍卫之城，何异灵山之会。院主师傅大德表奏院毕，敕赐“光泰禅院”额及朱记。至戊戌岁，高祖天皇大帝诏师入阙，帝亲问：“如何是禅？”师云：“圣人有问，臣僧有对。”帝曰：“作么生对？”师云：“请陛下鉴臣前语。”帝悦云：“知师孤介，朕早钦敬！”宣下授师“左右街僧录”，师默而不对。复宣下左右曰：“此师修行已知蹊径，应不乐荣禄。”乃诏曰：“放师归山可乎？”师欣然三呼“万岁”。翌日赐内帑、香药、施利、埔货等回山，并加师号曰“匡真”。厥后每年频降颁宣，繁不尽纪。恭惟我当今大圣文武玄德大明至道大广孝皇帝，岁在单阏，运圣谟而手平内难，奋神武而力建中兴，恩拯八纮，道弘三教，乃诏师入内，经月供养，赐六珠衣一袭及香药、施利等而回。并御制塔额，预赐为“宝光之塔”、“瑞云之院”。

师自从示众，卓尔宗风，凡在应机，实当奇特。常一时见众集久，乃云：“汝若不会，三十年莫道不见老僧。”时有三僧一时出来礼足，师

云："三人一状。"有问禅者则云："正好辩。"有问道者则云："透出一字。"有问祖师意者则云："日里看山。"有才跨门者则以杖打之。有时示众云："直下无事，早是相埋没也。"迷缘不已，岂不徒然！略举大纲，将裨后代。师以法无定相，学无准常，每修一忌斋，用酬二嗣讳。师一坐道场三十余载，求法宝者云来四表，得心印者叶散诸山。则知觉路程开，双林果满，诸漏已尽，万法皆空。虽假卧障，未少妨于参问；终云虚幻，乃示寂以韬光。侍者奉汤，师付盌子曰："第一是吾著便，第二是汝著便，记取！"遣修表祝别皇王，乃自扎遗诫曰："吾灭后，汝等弗可效俗教，著孝服哭泣，备丧车之礼，否则违佛制，有紊禅宗也。"付法于白云山实性大师志庠，实师会下已匡徒众。己酉岁四月十日子时，师顺世。呜呼！慈舟坏兮轮回失度，法山摧兮飞走何依？缁伦感朝薤之悲，檀信动式微之咏。宋云遇处，但携只履以无还；慈氏来时，应启三峰而再出。月二十有五，诸山尊宿具威仪，道俗千数，送师于浮图，灵容如昔，依师训塔于当山方丈内。法龄七纪二，僧腊六旬六。于日行云敛态，陇树无春。觑岳狐猿，啼带助哀之苦；穿林幽鸟，声添惜别之愁。吊容掩襟，伫立以泣。在会参学小师守坚，始终荷赞，洞契无为。门人净大本师常实等三十六人知事，皆深明佛性，雅得师宗也。在京弟子报恩寺内供奉悟明大师，都监内诸寺院，赐紫六珠；常一悟觉大师赐紫六珠，常省超悟大师赐紫，常荐等七十余人皆出白宫闱，素精道行，敕赐与师为弟子；法侄、内僧录六通大师，教中大法师道聪，洞究本门，尤精外学也。

岳镂冰艺拙，映雪功疏，自愧斐然，滥承厚辟，编成实性，纪彼铭云：

师归何处？超然寂然，爱河万顷，涉若晴川。其一。

思超四果，难降众魔，迷则万劫，悟则刹那。其二。

是色非色，真空不空，如水涵像，若烛随风。其三。

虽云有佛，难穷于佛，如地有芽，逢春自出。其四。

菩提无种，觉花无子，妙果如成，有何生死。其五。

是法非法，恍惚难寻，无内无外，即心传心。其六。

劫石成灰兮丘陵潜毁，大海为田兮人伦斯改，纪师实性兮刻于贞珉，龙华会开兮师踪如在。

其本岁在重光太溯献正阳月二十有九，在武德殿进呈，奉敕宣赐。

内门使、监集贤殿御书院、给事郎、守内侍省内常侍、上柱国、赐紫金鱼袋雷岳撰。

内五金使、充北司都录事、银青光禄大夫、行内内侍省内常侍、监集贤殿御书院、上柱国、赐紫金鱼袋薛崇誉书。

汉大宝元年岁次戊午十二月一日丁丑建。

三 《大汉韶州云门山大觉禅寺大慈云匡圣弘明大师碑铭并序》①

陈守中

原夫真空无相，劫火销而性相何来？妙法有缘，元气剖而因缘何

① 以《全唐文》卷八百九十二《大汉韶州云门山大觉禅寺大慈云匡圣宏明大师碑铭并序》为底本，参考岑学吕编、仇江整理《云门山志》（上海古籍出版社2014年版）所收录《大汉韶州云门山大觉禅寺大慈云匡圣弘明大师碑铭并序》进行校对。

起？造化莫能为关键，玄黄不可为种根。观乎十号之尊，出彼三祇之劫，增莫知而减宁睹，讵究始终；望不见而名无言，孰明去往。不有中有，不空中空，非动非摇，常寂常乐。拘留孙之过去，释种圆明；毗婆尸之下生，玄符合契。由是修行道著，相好业成，爰授记于定光，乃度人于摩揭。自是一音演说，二谛宏宣，开八万法门，化三千世界。大乘六而小乘九，慧业难基；欲界四而色界三，昏波易染。所以兴行六度，接引四生，求真者竞洗六尘，修果者咸超十地。尽使昏衢之内，俱萌舍筏之心；大荫人天，俾居净土。其后衣缠白氎，屣脱金沙，示无住之身，现有终之理。于是迦叶结集，阿难澄真，递付心珠，住持法藏，象教远流于千载，觉花遍满于十方。马鸣兴护法之功，龙树显降魔之力，师师相授，法法相承，大化无穷，不可思议。而自我祖承运，明帝御乾，符圣梦以西来，图粹容而东化。金言玉偈，摩腾行首译之文；鹿苑鸡林，佛朔遂身游之化。迨于魏晋，迄至隋唐，达理者甚多，得道者非少。其如历帝历代，有废有兴，未若当今圣明，钦崇教相者也。伏惟睿圣文武隆德高明宏道大光孝皇帝陛下，德参覆载，道合照临，叶九五之龙飞，应一千之凤历。承帝喾有尧之庆，鸿业勃兴：体下武继文之基，圣功崛起。每念八弦纷扰，九土艰虞，耀干戈弧矢以宣威，救生灵涂炭；用声明文物而阐教，致寰宇雍熙。栉沐忘劳，凿大禹之所未凿：造化不测，开巨灵之所未开。庆云呈而甘露垂，嘉谷生而芝草出。其于儒也，则石渠金马，刊定古今，八索九丘，洞穹渊奥：其于道也，则探元抱朴，得太上之妙门；宝篆灵符，擾虚皇之秘诀。于机暇既崇于儒道，注宸衷复重于佛僧。是以奉三宝于虚方，福万民于寰宇。绀宫金刹，在处增修：托钵缁衣，联群受供。而乃频彰瑞感，显应吕期。矧以韶石奥

区，曹溪胜地，昔西来智药三藏驻锡于曹溪曰："一百七十年后，当有无上法宝肉身菩萨于此兴化，学道者如林。"故号曹溪曰"宝林"也。二十八祖之心印，达摩东传；三十三代之法衣，祖师南授。自六祖大师登正果之后，所谓学者如林，天下高僧，无不臻凑者矣。

大慈云匡圣弘明大师者，则别颖一枝也。大师澄真不浑，定性自然，驰记莂之高名，蹑迦维之密行，慧灯呈耀，智剑发硎。六根净而五眼清，不染不著；四果澄而三明朗，自悟自修。启禅门而定水泓澄，搜律藏而戒珠莹澈。水上之莲花千叶，清净芬芳：空中之桂魄一轮，孤高皎洁。机无细而不应，道有请而必行，固得百福庄严，万行圆满，尽诸有漏，达彼无为。大师讳文偃，姓张氏，吴越苏州嘉兴人也。生而聪敏，幼足神风，不杂时流，自高释姓。才逾帅岁，便慕出家，乃受业于嘉兴空王寺律师志澄下为上足，披经怿偈，一览无遗，勤苦而成。依年具尸罗于常州戒坛，初习小乘，次通中道。因闻睦州道踪禅师关钥高险，往而谒之。来去数月，忽一日禅师发问曰："频频来作什么？"对曰："学人己事不明。"禅师以手推出云："秦时轅轹钻。"师因是发明，征而有理。经数载，策杖入闽，造于雪峰会下，三礼之后，雪峰和尚颇形器重之色。是时千人学业，四众咸归，肃穆之中，凡圣莫测。师朝昏参问，寒燠屡迁，昂鹤态于群流，闭禅扉于方寸。因有僧问雪峰曰："如何是触目不见道，运足焉知路？"雪峰曰："哰！"其僧不明，举问师此意如何，师曰："两斤麻，一匹布。"僧又不明，复问何义？师曰："更奉三尺竹。"僧后闻于雪峰，峰曰："噫！我常疑个布衲。"其后颇有言句，繁而不书。乃于众中密有传授，因是出会，游访诸山。后雪峰迁化，学徒问曰："和尚佛法付谁？"峰曰："遇松偃处住。"学徒莫测。

“偃”者，则师之法号也。遗诫至今，雪峰不立尊宿。

辛未，届于曹溪，旋谒灵树，故知圣大师如敏长老以识心相见，静本略同，俦侣接延。仅逾八载，丁丑，知圣忽一日召师及学徒语曰：“吾若灭后，必遇无上人为吾荼毗。”及戊寅岁，知圣大师顺寂，恰遇高祖天皇大帝驾幸韶阳，至于灵树，敕为焚蒸，果契前言也。师是时奉诏对扬，便令说法，授以章服。次年，又赐于本州为军民开堂。师据知圣筵，说雪峰法。牧守何希范礼足曰：“弟子请益。”师曰：“目前无异草。”是日问禅者接踵，其对答备传于世。

师尔后倦于延接，志在幽清，奏乞移庵，帝命俞允。癸未，领众开云门山。构创梵宫，数载而毕。莫不因高就远，审地为基，层轩邃宇而涌成，花界金绳而化出。晓霞低覆，绛帷微衬于雕楹：夕露散垂，珠纲轻笼于碧瓦。匼匝尽奇峰秀岭，逶迤皆泼黛堆蓝。泉幽而声激珠玑，松老而势拿空碧。由是庄严宝相，合杂香厨，抠衣者岁溢千人，拥锡者云来四表。庵罗卫之林畔，景象无殊；耆阇崛之山中，规模非异。院主师傅表奏造院毕功，敕赐额曰“光泰禅院”。至戊戌岁，高祖天皇大帝诏师入阙，朝对有容，因宣问曰：“作么生是本来心?”师曰：“举起分明。”帝知师洞韫玄机，益加钦敬，其日，欲授师左右街大僧录，逊让再三而免。翌日，赐师号曰“匡真大师”。延驻浃旬，赐内帑银绢香药遣回本院。厥后常注宸衷，频加赐赉。寻遇中宗文武光圣明孝皇帝，缵承鸿业，广布皇风，廓静九围，常敬三宝。复降诏旨命师入于内殿供养月余，乃赐六珠衣、钱绢香药等，却旋武水，并预赐塔院额曰“瑞云之院”、“宝光之塔”。师禅河浩淼，闻必惊人。有问禅者，则云：“正好辩。”有问道者，则云：“透出一字”。有问祖师意者，则云：“日里看山。”凡所接对言机，大约如此。了义玄远，法藏幽微，化席一兴，岁毕三纪。师于生灭处，在色空中，来若凤仪，作僧中之异瑞；去同蝉蜕，为天外之浮云。于屠维作噩之岁，四月十日，寝膳微爽，动止无妨，忽谓诸学徒曰：“来去是常，吾当行矣。”乃命侍者奉汤，师付汤碗于侍者曰：“第一是吾著便，第二是你著便。”亟令修表告别君王，乃自扎遗诫曰：“吾灭后，不得效俗家著孝衣哭泣，备丧车之礼，则违我梵行也。”付法于白云山实性大师志庠。其日子时瞑目，怡颜叠足而化。呜呼！化缘有尽，示相无生，端然不坏之身，寂尔归真之性，慧海虽乾于此界，法山复化于何方？峰云惨澹以低垂，众鸟悲鸣而不散。学徒感极，瞻雁塔以衔哀；门客恋深，拜禅龛而雪涕！以当月二十有五日，诸山尊宿，四界道俗，送师入塔。寿龄八十六，僧腊六十六。香飘数里，地振一隅。护法龙神，出虚空而闪烁；受戒阴骘，现仿佛之形容。其后诸国侯王，普天僧众，闻师圆寂，竞致斋羞。

而后一十七年，我皇帝陛下应天顺人，垂衣御极，顺三灵而启圣，绍四叶之耿光，大振尧风，中兴佛法。至大宝六年岁次癸亥八月，有雄武军节度推官阮绍庄，忽于梦中见大师在佛殿之上，天色明朗，以拂子招绍庄报云：“吾在塔多时，你可言于李特进（秀华宫使特进李托也），托他奏闻，为吾开塔。”绍庄应对之次，惊觉历然。是时李托奉敕在韶州于诸山门寺院修建道场，因是得述斯梦，修斋事毕，回京奏闻。圣上谓近臣曰：“此师道果圆满，坐化多年，今若记梦奏来，必有显现，宜降敕命，指撝韶州都监军府事梁延鄂同本府官吏往云门山开塔，如无所坏，则奏闻迎取入京。”梁延鄂于是准敕致斋，然后用功开凿，菩萨相依稀旋睹，莲花香馥郁先闻，须臾宝塔豁开，法身如故，眼半合而珠光欲转，口微启而珂雪密排，髭发复生，手足犹软，放神光于方丈，晃耀移时；兴瑞雾于周回，氤氲永日。即道即俗，观者数千，灵异既彰，寻乃具表奏闻。敕旨宣令李托部署人船，往云门修斋迎请。天吴息浪，风伯清尘，直济中流，俄达上国。敕旨于峘崃步驻泊。翌日，左、右两街诸寺僧众，东、西教坊，四部伶伦，迎引灵龛入于大内，锣钹铿锵于玉阙，幡花罗列于天衢。圣上别注敬诚，赐升秘殿，大陈供养，叠启斋筵，排内帑之瑰珍，馔天厨之蕴藻，列砌之骊珠斛满，盈盘之虹玉花明，浮紫气于皇城，炫灵光于清禁。圣上亲临宝辇，重换法衣，谓侍臣曰："朕闻金刚不坏之身，此之谓也。"于是许群僚士庶，四海蕃商，俱入内庭，各得瞻礼。瑶林畔厂灯接昼，宝山前百戏联宵。施利钱银，不可殚纪。以十月十六日乃下制曰："定水澄源，火莲发艳，夙悟无生之理，永留不朽之名。万象都捐，但秘西乾之印；一真不动，惟传南祖之灯。韶州云门山证真禅寺匡真大师，早契宗乘，洞超真觉。虽双林示灭，十七年靡易金躯；只履遗踪，数万里应回葱岭。朕显膺历数，缵嗣丕图，洎三朝而并切皈依，乃一心而不忘回向。仰我师而独登果位，在冲人而良所叹嘉。宜行封赏之文，用示褒崇之典，可赠'大慈云匡圣弘明大师'，证真禅寺宜升为大觉禅寺。"重臣将命，乳奠伸仪，太常行礼于天墀，纶诰宣恩于云陛。固可冥垂慈贶，密运神通，资圣寿于延长，保皇基于广大。师在内一月余日，圣泽优隆，七宝装龛，六铢裁服，颁赐所厚，今古难伦。当月二十九日宣下李托部署却回山门。

有参学小师双峰山长老广悟大师竟钦赐紫，温门山感悟人师契本，云门山上足小师应悟大师常宝等，同部署真身到阙，亦在内庭受供，恩渥异常。其诸上足门人常厚等四十余人，各是章衣师号，散在诸方，或

性达禅机，或名高长老。在京小师悟明大师都监内诸寺，赐紫；常一等六十余人，或典谋法教，或领袖沙门。

臣才异披沙，学同铸水。虔膺凤旨，纪实性以难周；愧非雄词，勒贞珉于不朽。乃为铭曰：

于穆大雄，教敷百亿，亭育二仪，提携八极。不灭不生，无声无色，卓尔神功，昭然慧力。其一

化无不周，道无不备，法既流兮，教既布矣。爰示灭乐，归乎妙理，实性真宗，枝分风靡。其二

祖祖传心，灯灯散烛，诠谛腾镳，圣贤交躅。种种津梁，门门杼轴，正觉广焉，寻之不足。其三

厥有宝林，重芳一叶，布无上乘，登无上檝。法炬曈昽，尼珠炜煜，拯溺迷津，救焚尘劫。其四

南北学徒，抠衣朝夕，无醉不醒，无昏不释。示其生焉，来彰慧绩，示其灭焉，归圆真寂。其五

湛然不动，塔韫宝光，玉毫弥赫，金相弥庄。时乎未矣，我则晦藏，时乎至矣，我则昭彰。其六

爰于明朝，现兹法质，如拨障云，重舒朗日。瑞应皇基，福隆帝室，圣览祯祥，恩颁洋溢。其七

三翼沿溯，千里请迎，迎来丹阙，设在三清。金银罗列，琼壁堆盈，俄生紫气，潜覆皇城。其八

日陈供席，夜奏笙歌，施亿宝贝，舍万绮罗。神倾薝蔔，天降曼陀，前佛后佛，显应斯多。其九

明明圣君，仁仁慈主，圣比和风，慈同甘雨。祚与天长，教将地

固，勒之贞珉，永芳千古。其十

西院使、集贤殿学士、御前承旨、太中大夫、行右谏议大夫、知太仆寺事、上柱国、赐紫金鱼袋臣陈守中奉敕撰

大汉大宝七年岁次甲子　月　日

附录三　《偃祖后各代法嗣一览表》[①]

岑学吕先生编《云门山志》中曾作《偃祖后各代法嗣一览表》，系统记述云门宗的法嗣脉络，今转录于下：

偃祖下一世

白云子祥禅师	德山缘密禅师	巴陵颢鉴禅师	双泉师宽禅师
香林澄远禅师	洞山守初禅师	泐潭道谦禅师	奉先深禅师
双泉郁禅师	披云智寂禅师	舜峰义韶禅师	般若启柔禅师
妙胜臻禅师	荐福承古禅师	清凉智明禅师	南台道遵禅师
双峰竟钦禅师	资福诠禅师	黄云元禅师	龙境伦禅师

① 引自岑学吕编，仇江整理《云门山志》，上海古籍出版社2014年版，第34—57页。

云门爽禅师	白云闻禅师	净法章禅师	温门满禅师
大容諲禅师	罗山崇禅师	云门常实禅师	林谿竟脱禅师
韶州广悟禅师	华严慧禅师	长乐政禅师	英州观音和尚
韶州林泉和尚	云门煦禅师	黄檗法济禅师	康国耀禅师
谷山丰禅师	罗汉匡果禅师	沧溪璘禅师	洞山清禀禅师
北禅寂禅师	天王永平禅师	永安朗禅师	湘潭明照禅师
青城乘禅师	普通封禅师	净源真禅师	大梵圆禅师
药山圆光禅师	鹅湖云震禅师	开先清耀禅师	奉国清海禅师
韶州慈光禅师	双峰慧真禅师	保安师密禅师	云门法球禅师
佛陀远禅师	慈云深禅师	化城鉴禅师	庐山护国禅师
天王徽禅师	庐山庆云和尚	永福朗禅师	芭蕉弘义禅师
赵横山和尚	西禅钦禅师	南天王海禅师	觉华普照禅师
铁幢觉禅师	延长山和尚	福化充禅师	黄龙赞禅师
大圣守贤禅师	天柱山和尚	云门朗上座	纂子山庵主

偃祖下二世

白云祥禅师法嗣

韶州大历和尚	连州宝华和尚	月华山月禅师	南雄地藏和尚
乐净含匡禅师	后白云和尚	白云福禅师	

德山密禅师法嗣

文殊应真禅师　南台勤禅师　德山绍晏禅师　黑水承璟禅师
鹿苑文袭禅师　药山可琼禅师　乾明普禅师　中梁山崇禅师
黄龙志愿禅师　东禅秀禅师　普安道禅师

巴陵颢鉴禅师法嗣

泐潭灵澄散圣　兴化兴顺禅师

双泉宽禅师法嗣

五祖师戒禅师　福昌重善禅师　乾明居信禅师　四祖志諲禅师
兴化奉能禅师　天睦慧满禅师　建福智同禅师　延庆宗本禅师
大龙炳贤禅师　白岩上座

香林远禅师法嗣

智明光祚禅师　灌州罗汉禅师　香林信禅师

洞山初禅师法嗣

福严良雅禅师　开福德贤禅师　报慈嵩禅师　乾明睦禅师
广济同禅师　东平洪教禅师

泐潭谦禅师法嗣

了山宗盛禅师

奉先深禅师法嗣

莲花峰祥庵主　崇胜御禅师

双泉郁禅师法嗣

德山慧远禅师　含珠山彬禅师

披云寂禅师法嗣

开先照禅师　金陵天宝和尚

舜峰韶禅师法嗣

桃园曦朗禅师　法云智善禅师

般若柔禅师法嗣

蓝田县真禅师

妙胜臻禅师法嗣

雪峰钦山主

荐福古禅师法嗣

净戒守密禅师

清凉明禅师法嗣

祥符云豁禅师

偃祖下三世

文殊真禅师法嗣

洞山晓聪禅师

南台勤禅师法嗣

高阳法广禅师　石霜节诚禅师

德山晏禅师法嗣

德山志先禅师

黑水璟禅师法嗣

黑水义钦禅师

五祖戒禅师法嗣

泐潭怀澄禅师　洞山自宝禅师　北塔思广禅师　四祖端禅师

云盖志发明颙禅师　海会通禅师　洞山妙圆禅师　义台子祥禅师

天童怀清禅师　宝严叔芝禅师　五祖秀禅师　白马辩禅师

水南智昱禅师

福昌善禅师法嗣

上方齐岳禅师　育王常坦禅师　金山瑞新禅师　夹山惟俊禅师

乾明信禅师法嗣

药山彝肃禅师

智明祚禅师法嗣

雪窦重显禅师　延庆子荣禅师　百丈智映禅师　南华宝缘禅师
护国寿禅师　九峰劝禅师　云盖继鹏禅师　黄龙海禅师
彰法澄泗禅师　云台省因禅师

福严雅禅师法嗣

北禅智贤禅师　衡岳振禅师

开福贤禅师法嗣

日芳上座

报慈嵩禅师法嗣

兴阳逊禅师

德山远禅师法嗣

开先善暹禅师　钦勤禅师　禾山楚材禅师　资圣盛勤禅师

鹿苑圭禅师

偃祖下四世

洞山聪禅师法嗣

云居晓舜禅师　大沩怀宥禅师　佛日契嵩禅师　太守许式郎中

汾潭澄禅师法嗣

育王怀琏禅师　云隐云知禅师　承天惟简禅师　九峰鉴韶禅师
西塔显殊禅师　崇善用良禅师　慧力有文禅师　雪峰象敦禅师
云居守亿禅师　洞山永孚禅师　令滔首座

洞山宝禅师法嗣

洞山清辩禅师

北塔广禅师法嗣

玉泉承皓禅师

四祖端禅师法嗣

广明常委禅师

云盖颙禅师法嗣

云居文庆禅师

上方岳禅师法嗣

国庆顺宗禅师

金山新禅师法嗣

天圣守道禅师

夹山俊禅师法嗣

夹山遵禅师

雪窦显禅师法嗣

天衣义怀禅师　称心省倧禅师　报本有兰禅师　称心守明禅师

承天传宗禅师　南明日慎禅师　投子法宗道者　实相蕴观禅师

君山显昇禅师　洞庭惠金典座　修撰曾会居士

延庆荣禅师法嗣

圆通居讷禅师

百丈映禅师法嗣

惠因怀祥禅师　慧因义宁禅师

南华缘禅师法嗣

兴化延庆禅师　宝寿行德禅师　白虎守昇禅师

北禅贤禅师法嗣

兴化绍铣禅师　法昌倚遇禅师　广因择要禅师

开先暹禅师法嗣

云居了元禅师　智海本逸禅师　天章元楚禅师

钦山勤禅师法嗣

梁山应圆禅师

偃祖下五世

云居舜禅师法嗣

蒋山法泉禅师　天童澹交禅师　崇梵余禅师　慈云修慧禅师

大沩宥禅师法嗣

归宗慧通禅师　兴教慧宪禅师

育王琏禅师法嗣

佛日戒弼禅师　天宫慎徽禅师

灵隐知禅师法嗣

灵隐正童禅师

承天简禅师法嗣

智者利元禅师

九峰韶禅师法嗣

大梅法英禅师

玉泉皓禅师法嗣

兴教文庆禅师

夹山遵禅师法嗣

福昌信禅师

天衣怀禅师法嗣

惠林宗本禅师　法云法秀禅师　惠林若冲禅师　长芦应夫禅师
临安智才禅师　天钵重元禅师　瑞岩子鸿禅师　棲贤智迁禅师
净众梵言首座　三祖冲会禅师　资寿院接禅师　观音启禅师

天章元善禅师　长芦体明禅师　开元智孜禅师　澄照慧慈禅师
法雨慧源禅师　崇德智澄禅师　棲隐有评禅师　定慧云禅师
大同旺禅师　铁佛因禅师　报本法存禅师　开圣棲禅师
衡山惟礼禅师　显明善孜禅师　启霞惠安禅师　云门灵侃禅师
太平元坦禅师　佛日文祖禅师　望仙宗禅师　五峰用机禅师
佛足处祥禅师　明因慧赟禅师　西台其辩禅师　侍郎杨杰居士

称心倧禅师法嗣

慧日尧禅师

报本兰禅师法嗣

中际可遵禅师　法明上座

称心明禅师法嗣

上蓝光寂禅师

广因要禅师法嗣

妙峰如璨禅师

云居元禅师法嗣

百丈净悟禅师　善权慧泰禅师　崇福德基禅师　宝林怀吉禅师
资福宗诱禅师

智海逸禅师法嗣

黄檗志因禅师　大中德隆禅师　签判刘经臣居士

偃祖下六世

蒋山泉禅师法嗣

清献赵抃居士

慧林本禅师法嗣

法云善本禅师　金山善宁禅师　资寿严禅师　本觉守一禅师
投子修颙禅师　地藏守恩禅师　甘露仲宣禅师　瑞岩有居禅师
广灵希祖禅师　净因惟岳禅师　乾明慧觉禅师　长芦崇信禅师
金山法慧禅师　灵曜辩良禅师　香山延泳禅师　道场慧印禅师
妙慧文义禅师　灵泉宗一禅师　普照处辉禅师　南禅宁禅师
石佛晓通禅师

法云秀禅师法嗣

法云惟白禅师　保宁子英禅师　开先智珣禅师　甘露德颙禅师
仙岩景纯禅师　广教守讷禅师　慈济聪禅师　白兆圭禅师
净名法因禅师　福岩守初禅师　德山仁绘禅师　香积用旻禅师

瑞相子来禅师　真空从一禅师　乾明广禅师

慧林冲禅师法嗣

华严智明禅师　永泰智航禅师　寿圣子邦禅师

长芦夫禅师法嗣

雪窦道荣禅师　长芦宗赜禅师　慧日知觉禅师

佛日才禅师法嗣

夹山自龄禅师

天钵元禅师法嗣

元丰清满禅师　定慧法本禅师　善胜真悟禅师

瑞岩鸿禅师法嗣

育王昙振禅师

棲贤迁禅师法嗣

崇福灯禅师

净众言首座法嗣

招提惟湛禅师

偃祖下七世

法云本禅师法嗣

净慈楚明禅师　长芦道和禅师　雪峰思慧禅师　宝林果昌禅师
资福法明禅师　云峰志璿禅师　慧林常悟禅师　道场有规禅师
延庆可复禅师　道场慧颜禅师　双峰宗达禅师　五峰子琪禅师
云门道信禅师　天竺从谏讲师

金山宁禅师法嗣

普济子淳禅师　禾山用安禅师

本觉一禅师法嗣

越峰粹珪禅师　天台如庵主　西竺尼法海禅师

投子颙禅师法嗣

资寿灌禅师　崇寿江禅师　香严智月禅师　丞相富弼居士

甘露宣禅师法嗣

妙湛尼文照禅师

瑞岩居禅师法嗣

万年处幽禅师

广灵祖禅师法嗣

仙岩怀义禅师

净因岳禅师法嗣

鼓山体淳禅师

乾明觉禅师法嗣

长庆应圆禅师

长芦信禅师法嗣

慧林怀深禅师　光孝如璝禅师　天衣如哲禅师　智者法铨禅师
径山知讷禅师

金山慧禅师法嗣

报恩觉然禅师

法云白禅师法嗣

智者绍先禅师　福圣仲易禅师　慧林慧海禅师　建隆原禅师

保宁英禅师法嗣

广福惟尚禅师　雪窦法宁禅师

开先珣禅师法嗣

延昌熙咏禅师　开先宗禅师

甘露颙禅师法嗣

光孝元禅师

雪窦荣禅师法嗣

雪峰大智禅师

元丰满禅师法嗣

雪峰宗演禅师　卫州王大夫

育王振禅师法嗣

岳林真禅师

招提湛禅师法嗣

华亭观音和尚

偃祖下八世

净慈明禅师法嗣

净慈象禅师　雪峰隆禅师

长芦和禅师法嗣

甘露达珠禅师　灵隐惠淳禅师　雪窦明禅师

雪峰慧禅师法嗣

净慈道昌禅师　径山了一禅师　金山了心禅师

香严月禅师法嗣

香严如璧禅师

慧林深禅师法嗣

灵隐慧光禅师　国清妙印禅师　国清普绍禅师　九座慧邃禅师
圆觉昙禅师

报恩然禅师法嗣

资圣元祖禅师

慧林海禅师法嗣

万杉寿坚禅师

开先宗禅师法嗣

黄檗惟初禅师　岳麓海禅师

雪峰演禅师法嗣

西禅慧舜禅师

偃祖下九世

雪窦明禅师法嗣

山宁禅师

净慈昌禅师法嗣

五云悟云禅师

灵隐光禅师法嗣

中竺元妙禅师

圆觉昙禅师法嗣

灵岩圆日禅师

岳麓海禅师法嗣

玉泉思达禅师

偃祖下十世

中竺妙禅师法嗣

光孝深禅师

参考文献

1. （南唐）静、筠二禅师编撰：《祖堂集》，中华书局 2007 年标点本。

2. （宋）赜藏主编集：《古尊宿语录》，中华书局 1994 年标点本。

3. （宋）赞宁：《宋高僧传》，中华书局 1987 年标点本。

4. （宋）普济：《五灯会元》，中华书局 1984 年标点本。

5. （宋）道元辑：《景德传灯录》，海南出版社 2011 年点校本。

6. （宋）智昭编：《人天眼目》，《大正藏》第 48 册。

7. （宋）契嵩编：《传法正宗纪》，《大正藏》第 51 册。

8. （宋）契嵩：《镡津文集》，《大正藏》第 52 册。

9. （宋）慧开：《无门关》，《大正藏》第 48 册。

10. （宋）善卿：《祖庭事苑》，《卍新纂续藏经》第 113 册。

11. （宋）慧洪：《禅林僧宝传》，《卍新纂续藏经》第 79 册。

12. （宋）慧洪：《林间录》，《卍新纂续藏经》第 87 册。

13. （宋）慧洪：《石门文字禅》，《嘉兴藏》第 23 册。

14. （宋）志磐：《佛祖统纪》，《大正藏》第 49 册。

15. （宋）晓莹集：《罗湖野录》，《卍新纂续藏经》第 83 册。

16. （元）觉岸：《释氏稽古略》，《大正藏》第 49 册。

17. （明）瞿汝稷集：《指月录》，《卍新纂续藏经》第 83 册。

18. （明）山戒显：《禅门锻炼说》，《卍新纂续藏经》第 63 册。

19. （明）汉月法藏：《五宗原》，《卍新纂续藏经》第 65 册。

20. （明）为霖道霈禅师：《圣箭堂述古》，《卍新纂续藏经》第 73 册。

21. （清）纪荫编：《宗统编年》，《卍新纂续藏经》第 86 册。

22. （清）三山来：《五家宗旨纂要》，《卍新纂续藏经》第 65 册。

23. （清）超溟：《万法归心录》，《卍新纂续藏经》第 65 册。

24. （唐）慧能著，郭朋校释：《坛经校释》，中华书局 1983 年版。

25. 雪窦重显法师、圜悟克勤法师：《碧岩录》，东方出版社 2013 年版。

26. （清）吴任臣：《十国春秋》，中华书局 1983 年版。

27. （清）梁廷楠：《南汉书》，广东人民出版社 1981 年版。

28. 《旧唐书》，中华书局 1975 年标点本。

29. 徐庭云主编：《中国社会通史·隋唐五代卷》，山西教育出版社 1996 年版。

30. 岑学吕编，仇江整理：《云门山志》，上海古籍出版社 2014 年版。

31. 冯学成：《云门宗史话》，南方日报出版社 2008 年版。

32. 汤用彤：《汉魏两晋南北朝佛教史》，武汉大学出版社 2008 年版。

33. 蒋维乔：《中国佛教史》，上海世纪出版集团 2007 年版。

34. 印顺：《中国禅宗史》，江西人民出版社 2007 年版。

35. 吕澂：《中国佛学源流略讲》，中华书局 1979 年版。

36. 黄启江：《北宋佛教史论稿》，台湾商务印书馆 1997 年版。

37. 洪修平：《中国禅学思想史》，中国人民大学出版社 2007 年版。

38. 洪修平：《禅宗思想的形成与发展》，江苏古籍出版社 2000 年版。

39. 洪修平、孙亦平：《如来禅》，浙江人民出版社 1997 年版。

40. 周裕锴：《文字禅与宋代诗学》，高等教育出版社 1998 年版。

41. 周裕锴：《百僧一案：参悟禅门的玄机》，上海古籍出版社 2007 年版。

42. 周裕锴：《禅宗语言》，浙江人民出版社 1999 年版。

43. 吴言生：《禅宗思想渊源》，中华书局 2001 年版。

44. 吴言生：《禅宗诗歌境界》，中华书局 2001 年版。

45. 方立天：《禅宗概要》，中华书局 2011 年版。

46. 杨曾文：《唐五代禅宗史》，中国社会科学出版社 1995 年版。

47. 杨曾文：《宋元禅宗史》，中国社会科学出版社 2006 年版。

48. 葛兆光：《禅宗与中国文化》，上海人民出版社 1986 年版。

49. 魏道儒：《宋代禅宗文化》，中州古籍出版社 1993 年版。

50. 黄士复：《佛教概论》，台湾商务印书馆 1978 年版。

51. 杜继文、魏道儒：《中国禅宗通史》，江苏人民出版社 2007 年版。

52. 顾伟康：《禅宗：文化交融与历史选择》，知识出版社 1990 年版。

53. 王志跃：《分灯禅》，浙江人民出版社 1997 年版。

54. 蔡日新：《五家禅源流》，甘肃民族出版社 2004 年版。

55. 赵德坤：《指月与话禅——雪窦重显研究》，中国社会科学出版社 2014 年版。

56. 吴经熊：《禅的黄金时代》，吴怡译，海南出版社 2014 年版。

57. 曹瑞峰：《〈云门匡真禅师广录〉研究》，博士学位论文，上海大学，2011 年。

58. ［日］忽滑骨快天：《中国禅学思想史》，朱谦之译，上海古籍出版社 1994 年版。

59. ［日］小川隆：《语录的思想史——解析中国禅》，何燕生译，复旦大学出版社 2015 年版。

60. ［日］土屋太祐：《北宋禅宗思想及其渊源》，巴蜀书社 2008 年版。

61. ［日］铃木大拙：《禅与生活》，刘大悲译，上海三联书店 2013 年版。

62. ［美］巴里·马吉德著：《平常心：禅与精神分析》，吴燕霞、曹凌云译，

张爱宁、董建中校，东方出版中心2011年版。

63. 徐文明:《睦州陈尊宿的事迹与禅法》,《佛学研究》2013年。

64. 徐文明:《云门文偃参禅游方经历》,《中国文化》2013年第2期。

65. 方立天:《如来禅与祖师禅》,《中国社会科学》2000年第5期。

66. 方立天:《禅宗精神——禅宗思想的核心、本质及特点》,《哲学研究》1995年第3期。

67. 杨曾文:《云门宗在北宋的兴盛与贡献》,《韶关学院学报》2012年第3期。

68. 万毅:《云门文偃的禅学思想》,《现代哲学》2007年第1期。

69. 万毅:《云门宗法脉归属问题试探——文偃与南岳怀让系禅师的渊源》,《中山大学学报》(社会科学版)2006年第5期。

70. 江泓:《禅门鼎盛与师法渐衰——以云门断续为例》,《船山学刊》2016年第1期。

后　记

真正接触佛学始于在南京大学攻读博士阶段。2007 年，我师从南京大学的洪修平先生攻读博士学位，主要从事儒、佛、道三教关系的研究，博士论文是《三教关系视野中的陈景元思想研究》。因此，虽未能从事有关佛学的专门研究，但为了做好三教关系的研究，也跟着洪老师进行了系统的佛学学习。可以说，这为我能够从事本评传的写作任务，奠定了基本的前提。在写作这部文偃禅师传记的时候，洪修平先生的禅宗研究引导我进入禅宗思想的广阔天地中，他对禅宗发展历程及其思想逻辑演变的理解，以及对禅之精神的阐释，是我理解云门文偃禅师的最坚实的思想基础。可以说，作为一个禅学的“门外汉”，如果说在这部著作中关于云门禅的理解不至于偏差，甚至还能有所体悟的话，在南京大学三年博士期间，跟随洪老师研习佛学的经历为这次写作打下了坚实的基础。2010 年后来到位于吉林长春的东北师范大学哲学院任教，因教学和科研的需要，断断续续地也会阅读一些佛学著作，算来已有十年的时间。

佛讲因缘。如果没有因缘，现阶段的我也许不会专门去写一本有关佛学的著作。本书写作的直接缘起，是自己参加福建省开元佛教文化研究所主编《福建历代高僧评传》的写作计划。当时研究所提供了一个还未确定作者的高僧目录供我选择，在这个目录里，我一下子就选中了云门文偃禅师。当时的我，对文偃禅师并不熟悉，也并未阅读过禅师的语录和传记，仅仅是在以往学习禅宗的过程中知道他创立了云门宗，所以毅然地选择了这位禅师。然而，在开始系统地了解了文偃禅师的生平行状和语录文献之后，才知道这项工作对我而言是多么艰巨的任务。更何况禅史还说云门宗风“孤危耸峻，人难凑泊，非上上根，孰能窥其仿佛哉!”既非上上根，更非宿学之士，若想更好地完成本评传的写作，必须让自己的写作浸润在学界已有的学术成果中。因此，本评传的完成，是在广泛参考了先贤时彦的研究成果基础上而完成的。我从汤用彤、蒋维乔、印顺、方立天、杜继文、魏道儒、杨曾文、葛兆光、周裕锴、吴言生、吴经雄等先生的禅宗历史及其思想研究中学习很多，将其著作中的精彩论述化为自身理解云门禅的思想滋养；也从冯学成、蔡日新、曹瑞峰、徐文明、万毅、江泓等人的有关云门文偃禅师研究的著作或论文中受益良多，他们的很多观点也支撑了本书对云门文偃禅师生平的考证及其思想的理解。此外，还有很多学者的研究对我启发很多，虽未能一一提及，但在此也一并致谢。

山东理工大学的陈红兵教授、福建省开元佛教文化研究所的马海燕研究员作为本书的评审专家，对本书的高质量完成提出了很多切中肯綮的修改建议，对他们的真知灼见表示诚挚的谢意！

特别感谢福建省佛教协会副会长兼秘书长、福州开元寺方丈、福建省开元佛教文化研究所所长本性法师，让我参与《福建历代高僧评传》丛书并负责《云门文偃禅师》评传的写作任务，给了我一个共襄盛举的机会。感谢开元佛教文化研究所的那琪女士，在她的热心帮助下，本书得以尽快地完成。中国社会科学出版社的宋燕鹏先生为本书的完成也付出了大量的辛苦劳作，谨表示由衷的感谢！

隋思喜

2017 年 3 月于长春